Martin Gutl • Ich bin bei dir

Martin Gutl

Ich bin bei dir

:STYRIA

Die Deutsche Bibliothek – CIP-Einheitsaufnahme

Gutl, Martin:
Ich bin bei dier / Martin Gutl. Zsgest. von Josef Helmut Machowetz. –
Graz ; Wien ; Köln : Verl. Styria, 2001
ISBN 3-222-12893-6

Textauswahl und Nachwort
von Mag. Josef Helmut Machowetz

Layout und Umbruch: Helmut Lenhart, Graz
Umschlaggestaltung: Andrea Malek, Graz
Umschlagbild: Herbert Boeckl, aus der „Apokalyse“, Stiftsbasilika, Seckau
Druck und Bindung: Wiener Verlag, Himberg
ISBN 3-222-12893-6

Inhalt

Vorwort des Verlages

Als Martin Gutl 1969 Kaplan in der Grazer Studentengemeinde wurde, da begann er für die wöchentlichen Diskussionsrunden (Münzgrabenstraße) meditative Texte zu schreiben. Diese wurden gesammelt und dem Verlag Styria zur Veröffentlichung angeboten. So entstand (zusammen mit Josef Dirnbeck) sein erstes Buch „Ich begann zu beten".

Niemand konnte damals ahnen, dass der junge Autor religiöse Bestseller schreiben würde. Denn 14 Bücher hat der Verlag Styria von Martin Gutl veröffentlicht, in einer Gesamtauflage von fast 300.000 Exemplaren. Seine Bücher wurden in neun Sprachen übersetzt. Nun sind sieben Jahre seit dem frühen Tod des Autors vergangen. Die meisten seiner Bücher sind inzwischen vergriffen.

Doch viele Leser fragen immer wieder nach diesen eindrucksvollen Texten. Deswegen hat sich der Verlag entschlossen, ausgewählte Meditationen aus seinen vergriffenen Büchern neu herauszugeben. Die Auswahl besorgte Josef Helmut Machowetz, der die meisten Bücher von Martin Gutl im Verlag betreut hatte.

Denn diese Texte mit poetischer Kraft können viele Menschen in schwierigen Lebenssituationen wieder aufrichten und ihnen Mut geben. Sie sind „Lebenshilfe" im ursprünglichen Sinn des Wortes, nämlich Hilfe auf dem Weg des Leidens und der Hoffnung. Denn sie entstammen der tiefen Erfahrung eines suchenden und lebendigen Glaubens, der sehr sensibel geworden ist für die Nöte und Leiden vieler Zeitgenossen. Es sind Texte, die zum großen Geheimnis des Lebens hinführen, das wir „Gott" nennen. Möge das Buch viele aufmerksame Leser finden.

I. Wer bin ich?

Zur Selbsterkenntnis

Erforsche mich Gott und erkenne mein Herz!
Prüfe mein Herz und erkenne, was Unruhe mir verschafft!
Schau nach, ob ich mich selbst betrüge
und lenke mich auf den richtigen Weg!

Psalm 138,23

Wer bin ich am Morgen?
Wer zu Mittag? Wer am Abend?
Wer bin ich
überreizt,
überlastet?
Wer bin ich
erholt und gestärkt?
Wer bin ich bei der Arbeit?
Wer bin ich im Urlaub?
Wer bin ich in der Kirche?
Wer im Büro, in der Schule?
Wer war ich vor der Ehe?
Wer bin ich in der Ehe?
Wer bin ich beim Streit?
Wer bei der Umarmung?
Wer bin ich allein,
wer im Stadion,
wer beim Begräbnis?
Wer bin ich am Faschingdienstag,
wer am Aschermittwoch?

Wer bin ich zu Weihnachten?
Wer zu Ostern?
Wer bei Regenwetter,
wer an sonnigen Tagen?
Wer bin ich als Frau, wer als Mann?

Wie lange werde ich noch sein?

Wer bin ich?
Wer sagt mir, wer ich bin?
Buddha? Moses?
Christus? Mohammed?
Freud? Jung? Marx?
Die Zeitung, das Fernsehen?
Astrologen, Psychologen?
Wer bin ich denn?
Wer bin ich, wenn Gott tot ist?
Wer bin ich, wenn Gott lebt?
Wer bin ich,
wenn ich nicht bin?
Wer, wer, wer?
Keine Antwort gibt Ruhe!
Es bleibt nur das Wandern!
Ein Wandern durch dunkle und helle Zeiten!
Ein Wandern durch Wüsten und Gärten,
durch Häuser und Länder,
durch Bücher und Bilder,
durch Hände und Augen!
Was bleibt den Nomaden der Herzen und Hände?
Die Stille, das Schweigen, das Beten.

O ewig schweigendes Antlitz!
In Deinem Schweigen
liegt alle Weisheit für mich!
O schweigendes Antlitz,
in Deinem Antlitz erkenn ich mich selbst!
O schweigendes Antlitz,
vor Dir sammle ich mich!
O schweigendes Antlitz,
vor Dir werde ich Mensch!
O schweigendes Antlitz,
vor Dir kann ich sein,
wer ich auch bin!

Wer bin ich geworden?

Wer war ich vor meiner Geburt?
Wer war ich als Kind?
Wer bin ich heute?

Was hat mich verändert?
Wer hat mich geprägt?
Denke ich ähnlich
wie vor zehn, zwanzig Jahren?

Wie denke ich heute von Gott?
Wie dachte ich einst von Gott?

Wer ist Gott heute für mich?
Menschenfeind?
Menschenfreund?
Diktator?
Befreier?

Nehme ich mich zur Kenntnis?
Schwäche ich mich durch Selbstvorwürfe?
Glaube ich an meine Würde?
Unterdrücke ich meine Fähigkeiten?

Lebe ich besinnungslos?
Frag ich nur im Unglück: Warum?

Schweige ich,
wo jemand ungerecht verurteilt wird?
Habe ich etwas zu sagen,
wenn ich rede?

Bin ich Feuer oder Asche?
Kalt, heiß oder lau?
Bewundere ich Jesus,
ohne ihm nachzufolgen?
Wie weit liebe ich meine Feinde?
Wovon habe ich mich losgelassen?
Woran hänge ich noch?

Mensch geworden

Wer lange genug warten kann,
erlebt immer ein gutes Ende.
Leo Tolstoi

In den hellen Räumen der Reichen,
in den dunklen Löchern der Armen,
in Auflehnung
und Ergebung,
tausendfach bestätigt
und ebenso oft gedemütigt,

zum Vorbild gemacht,
zur Karikatur geworden.
Von Menschen umgeben,
zwischen Engeln und Dämonen stehend.
Zeit gehabt,
ein Mensch zu werden.
Zu staunen,
weh zu tun und zu heilen,
schuldig zu werden,
zu lachen, zu trauern,
zu umarmen,
allein zu sein.
Viele Wege gewandert,
in manchem Tempel gesessen,
fremden Göttern nachgelaufen,
Jesus Christus gefunden,
um das Kreuz nicht herumgekommen.
Auferstehung erfahren.
Alles ist Gnade,
alles ist Führung,
seit es Ihn gibt,
den Schöpfer der Oasen und Wüsten.

Der Mensch

Der Mensch im Arzt,
der Mensch im Priester,
der Mensch im Richter,
der Mensch im Lehrer,
der Mensch im Beamten,

der Mensch im Präsidenten,
der Mensch im Portier.

Wir suchen nicht die Rollen,
wir hungern nach den Menschen.

Von Apparaten ist die Erde überbevölkert,
der Mensch droht auszusterben.

Ich bin

O Herr,
ich denke nach über mich selbst.
Wo eigentlich ist mein Ich?
Im Kopf? In den Füßen?
Im Brustraum? Im Herzen?

Der Arzt kann mich röntgenisieren,
er findet mein Ich doch nicht.
Das Kraftwerk für mein Leben
bleibt unsichtbar.

Gib mir Vertrauen zu meinem Selbst,
das in Dir wurzelt
und nur in Dir
sich vollenden kann.

Warten können

Warten können,
bis Herz und Verstand sich einig werden.
Bis ein Mensch zu schwätzen aufhört,
bis der Sinn eines Wortes sich erschließt.
Bis ein Süchtiger von seiner Sucht loskommt,
bis der Selbstgerechte sich bekehrt,
bis der Stumpfe empfindsam wird,
bis das Schweigen tiefer wird,
bis die Stille spricht,
bis ich mich selbst erkenne,
bis ich die Angst verliere,
bis ich die Reife habe.

Im Grunde

Im Grunde
ist jeder Mensch ein Denker,
ein Dichter,
ein Maler,
ein Sänger.
Im Grunde ist jeder
ein guter Mensch.

Die meisten fürchten sich
vor ihrer eigenen Stärke.

Die meisten glauben nicht
an ihren Reichtum.
Sie versäumen so sich selbst.
Sie fragen zu spät:
Warum war mein Leben so karg?

Sei deiner Tiefe treu!

Sei deiner Tiefe treu!
Lauf nicht fort von dir!

Bleib bei dir in allen Zeiten.
Sei ganz du und sei es gern!

Hilf dir selbst!
Geh zu dir nach Hause.
Warte und horche!

Sammle dich!
Zerstreu dich nicht!

Sei deiner Tiefe treu!
So wird sich Gott
in dir halten können.

Die Zeit ist begrenzt

Die Zeit ist begrenzt,
den Menschen in die Augen zu schauen,
den Heuchlern die Wahrheit zu sagen,
mit der Schwermut fertig zu werden,
sich in der Treue zu üben,
sich in der Krise zu bewähren.

Die Zeit ist begrenzt,
Böses mit Gutem zu vergelten,
auf meine Tiefe zu horchen,
meine Freiheit zu nützen,
mich selbst zu ordnen,
zu sehen, zu hören,
zu spüren, zu beten.

Noch schlägt das Herz

Da sein dürfen,
wo es Morgen und Abend,
Wärme und Kälte,
Nähe und Ferne,
Täuschung und Klärung gibt.

Erwachen dürfen
nach einem Unfall,
nach einem Infarkt.
Noch Zeit bekommen.

Wieder anfangen dürfen,
das begonnene Gespräch
fortsetzen dürfen,
sich selbst verändern.

Missverständnisse verringern,
seine Hast bekämpfen,
seinen Geiz besiegen,
sich von bösen Gedanken
gegen den Nächsten reinigen.
Sich sammeln,
das Schweigen üben,
das Wort vertiefen.

Tage, Tage ...

Tage der zusammengebissenen Zähne,
Tage der schwungvollen Tänze,
Tage der im Sand verlaufenen Pläne,
Tage der gelungenen Werke,
Tage mit ziellosem Hasten,
Tage mit gelassener Arbeit,
Tage mit geliebten Menschen,
Tage mit gehässigen Leuten,
Tage der Zerrissenheit,
Tage der Einheit,
Tage der unerhörten Gebete,
Tage der erbetenen Wunder,
Tage der Angst vor jedem Schatten,
Tage der unbesiegbaren Kraft,
Tage der Genüsse,
Tage der Entbehrung,
Tage der Einsamkeit,
Tage in der Gemeinschaft,
Tage im Fegefeuer,
Tage in der Hölle,
Tage im Himmel,
Tage des Verrats,
Tage der Umkehr.

Erst nach Mitternacht

Tagsüber darf er keine Schwächen zeigen.
Tagsüber muss er sich korrekt verhalten.
Tagsüber muss er gepanzert sein.
Tagsüber darf er sich kein Gefühl erlauben.

Erst am Abend,
im Kreis der Freunde,
hört man, wie ihm die Steine
vom Herzen fallen.
Erst nach Mitternacht sagt er ganz leise:
„Wenn ich ehrlich bin ..."

Erst nach Mitternacht
hat seine Seele Ausgang.

Die rechte Zeit

Nach Psalm 139

Du erkennst mich, Gott.
Ob ich sitze oder stehe,
Du weißt um mich!
Ob ich daliege, gelähmt,
am Morgen,
zermürbt von vielen Selbstvorwürfen,
von Fragen,
auf die ich bisher
keine Antwort fand:

Du siehst mich,
mein Gott!

Du erkennst mich,
ob ich dastehe wie ein Fels,
an dem sich viele
anhalten können,
oder ob ich zerrinne
wie Eis in der Sonne:
Du erkennst mich.

Du erkennst mich
auf dem Wellenberg
und im Wellental;
ob ich still und demütig bin
und alles ertragen möchte,
oder ob sich alles
in mir aufbäumt
und ich schreie:
„Ich will nicht!“

Du erkennst mich, mein Gott.
Du siehst mich ganz.
Du weißt,
wie ich am Anfang war
und wer ich geworden bin.
Du weißt,
was ich wollte
und wie ich wurde.

Ich danke Dir,
dass Du mich berufen hast,
ein Mensch zu werden,
zu wachsen,

zu irren,
Wege und Umwege zu gehen,
zu suchen,
zu finden.

Gänseblümchen

Du kleines Gänseblümchen
zwischen zwei dicken Pflastersteinen!
Dein Lebensraum –
ein paar Zentimeter.
Deine Zukunft –
Tritte und Schritte vieler Menschen,
die über die Pflastersteine gehen.
Ich sehe dich
an einem heißen Tag
in die Erde getreten.
Ich hole Wasser,
um dich zu neuem Leben
zu erwecken.
Am nächsten Morgen
begrüßt du mich, aufrecht,
mit einem blühenden Köpfchen.
Kleines Gänseblümchen!
Du kannst uns Menschen
das *Trotzdem* zeigen!

Die Predigt des Baumes

Ich bin ein Baum.
Ich verbünde mich täglich
mit meinen Wurzeln.
Ich rage in die Höhe.
Aus dem Innern der Erde
hole ich mir die Kraft zum Leben.
Ich atme mit meinen Blättern.
Ich strecke mich,
ich dehne mich,
ich weite mich.
Die Wurzeln verankern mich.
Ich ruhe in meinen Wurzeln;
ich danke der Mutter Erde.
Viele bestaunen meinen Wuchs,
meine Höhe, mein Alter.
Was wäre ich ohne die Mutter Erde,
die mich mit Salzen versorgt?
Die Menschen sehen unruhig
zu mir auf.
Sie haben keine Zeit,
ihre Wurzeln
zu pflegen,
zu spüren,
zu lieben.

KRANKENGESCHICHTE EINER BIRKE

Sieh mich an!
Ich war einer der höchsten
und schönsten Bäume im Wald.
Menschen, die auf dem Weg vorbei gingen,
haben zu mir aufgeschaut
und gesagt:
„So zart möchte ich auch sein!“
Vor einigen Wochen hat mich der Sturm gebogen.
Ich bin gebeugt
und komme nicht mehr hoch.
Man müsste mich stützen.
Aber man wird mich fällen.
Menschen, die jetzt vorbei gehen,
schauen mitleidig zu mir auf:
„Die schöne Birke,
wie sie da hängt!“
Ich hatte zu wenig Zeit
zur Ausweitung der Wurzeln.
Ich wollte schnell hoch kommen.
Ich bin in die Höhe gewachsen,
schneller als die andern.
Ich habe mein rasches Wachstum
mit Siechtum bezahlt.
Ich hätte Krone und Wurzel
im gleichen Maße bilden müssen.

Hundert Jahre

Die stille Endgültigkeit,
die uns auf dem Friedhof umgibt,
drängt uns,
über unser Leben
nachzudenken.
Wer wollte,
dass ich
auf dieser Erde lebe
und mich bewähre?
Gott?
Meine Eltern?
Ich?

Ich lese auf einem Grabstein:
„F.N. 1880–1980“.
Hundert Jahre
hat diese Frau gelebt!
Hier steht nur ihr Name.
Und ihre Gefühle, ihre Taten,
ihre Ziele, ihre Freuden, ihre Tränen?
Davon steht auf dem Grabstein nichts.

Gott allein weiß
die letzte Wahrheit über uns!

Keiner entkommt seiner Seele

Was nützt es dem Menschen, wenn er die ganze Welt gewinnt,
aber an seiner Seele Schaden leidet?

Matthäus 16,26

Und betäubst du dich mit Bier und Wein,
du entkommst deiner Seele nicht.
Und springst du ins Wasser,
um dich selbst zu ermorden,
du entkommst deiner Seele nicht.
Und drängst du den Geist zurück
und die Triebe nach vor,
du entkommst deiner Seele nicht.
Und baust du Luftschloss um Luftschloss,
du entkommst deiner Seele nicht.
Und fliehst du in den Lärm der lauten Musik,
du entkommst deiner Seele nicht.
Und fliehst du von einem Menschen zum andern,
du entkommst deiner Seele nicht.

Räche dich nicht,
wenn dich jemand betrügt,
wenn ein Mensch dich verrät.
Lass dich von Fassaden nicht blenden!
Keiner entflieht der Hölle in sich.

Du entkommst deiner Seele nicht,
am Tag nicht,
in der Nacht nicht,
im Leben nicht,
im Sterben nicht.
Du entkommst deiner Seele nicht!

Stille, du meine Geliebte ...

Stille, du bist mir treu.
Ich brauche Minuten,
manchmal auch Stunden,
um dich in mich einzulassen.
Du weitest mir den Blick.
Du reinigst mich von den Sünden.
Du führst mich
zu den innersten Schichten
des Wesens.
Stille, in dir fühle ich mich daheim.

Stille, du betrügst mich nicht.
Die Oberfläche hat mich oft genarrt.
Tief innen im Wesen
sitzt die Wahrheit.
Wer sucht sie?
Wer findet sie?

Du meine Geliebte, du Stille!
Du bereitest mir die größte Freude.
Durch dich
lerne ich schauen,
lerne ich denken,
lerne ich beten,
lerne ich Mensch sein.

Für einen Augenblick lang

In einer Kirche stehen.
Für einen Augenblick lang
eins sein
mit den Steinen des Bodens,
mit den Mauern, mit den Fenstern,
mit den Bögen, den spitzen und runden,
mit Himmel und Erde,
mit gestern und heute,
mit Leib und mit Seele,
mit mir und den andern,
mit Freunden und Feinden,
mit Gott in mir,
mit Gott außer mir.
Für einen Augenblick lang
nichts als sein.
Ewig sein.
Mensch sein.

An einen Manager

Du bist ständig unterwegs
zwischen New York und Frankfurt,
zwischen Paris und Moskau.
Du überfliegst Länder in Stunden
und liest die neuesten Börsenberichte.

Pausenlos kommen dir neue Nachrichten zu.
Du bist ständig mit deinem Büro in Verbindung.
Du hast hunderte von Angestellten,
die deine Ideen und Pläne verwirklichen.
Du bist der Kopf eines großen Unternehmens.

Du weißt, wie viel Verantwortung du hast.
Hunderte von Arbeitern sind abhängig
vom Ausgang deiner Verhandlungen.
Du weißt um die Stärke
und um die Gefährlichkeit der Macht.

Die Kluft zwischen
deiner wirtschaftlichen Macht
und deiner eigenen menschlichen Ohnmacht
ist eine Zerreißprobe für dich.
Wenn du auf dein Inneres hörtest,
so müsstest du längst anders entscheiden.

Du weißt, dass du tüchtig bist,
anerkannt von Tausenden,
gegrüßt, geehrt, ausgezeichnet.
Und trotzdem bist du ärmer
als ein Bettler.

Du bist während der letzten Jahre
in deinem Beruf
zu einem lebenden Datenzentrum geworden.
Du funktionierst.
Ich wage zu fragen:
Lebst du? Glaubst du? Liebst du?
Hoffst du?

Was ist dir der Einzelne wert?
Deine Frau, deine Kinder?
Du weißt selbst
um die Fragwürdigkeit deines Berufes.
Du bist in vielem ein Zwangsarbeiter geworden.
Der Zwang der Zeit,
der Zwang der Verhältnisse,

der Zwang der Dinge
engen dich ein.

Ich weiß nicht,
ob es verantwortlich ist von mir,
dir Fragen zu stellen,
was du denkst, was du glaubst und fühlst.
Ich weiß, du brauchst nicht Vorwürfe,
du brauchst einen verstehenden Menschen.

Du hast viele Bekannte,
viele, die dich schätzen.
Doch bei wem fühlst du dich geborgen?
Wem stellst du deine Fragen
und wer beantwortet sie?
Kannst du noch still werden?
Redest du noch mit Gott?
Und was kommt dir von deinem Gott zu?
Schweigen, Kälte, Vorwürfe, Güte?

Dir, der du alles hast,
wünsche ich, was du nicht hast:
Zeit für dich!

Gebet auf dem Friedhof

Herr!
Wir schreiten langsam
durch den Friedhof.
Ich lese Namen um Namen.

Wozu sind sie auf die Welt gekommen?
Zu Tausenden, zu Millionen, zu Milliarden?
Namen, Titel, Namen.
Geschichte, Schicksal, Leben.
Die schönsten Stunden
und die bittersten Stunden.

Davon steht nichts
auf den Grabsteinen.
Wie haben sich Menschen, die hier liegen,
angestrengt, um einen großen
oder einen kleinen Vorteil zu erreichen!
Wie oft sind sie über Leichen gegangen,
um sich durchzusetzen!
Was haben sie erreicht?

Grabsteine schwätzen nicht,
Grabsteine lügen nicht.
Grabsteine stehen schweigend da.
Sie zeigen: Das Äußere vergeht
mit tödlicher Gewissheit.
Geh in dich!
Dort wirst du deine Ewigkeit finden!

Ehe der Hahn kräht

„Mein Leben will ich für Dich einsetzen, Jesus!“
Dein Leben willst du für mich hergeben, Petrus?
Wahrlich, wahrlich, ich sage dir:
Ehe der Hahn kräht,
wirst du mich dreimal verleugnen.

Du willst dich ernstlich bessern.
Ehe der Hahn kräht,
fällst du zum hundertachtzigsten Mal
in die gleiche Schwäche.
Sinkst du zum zweihundertsten Mal
in den gleichen Abgrund.

Ich will dir die Treue halten
bis in den Tod!
Ehe der Hahn kräht,
hast du mich dreimal
mit einer anderen Frau betrogen.

Du willst deinen Jähzorn beherrschen.
Ehe der Hahn kräht,
hast du einen Menschen angeschrien.

Du willst Priester werden,
in einen Orden eintreten.
Ehe der Hahn kräht,
hast du von diesem Gedanken
Abschied genommen.

Du willst nicht so wie die anderen sein.
Du willst nicht nur nach Besitz trachten.
Ehe der Hahn kräht,
hast du dich dem Geld verschrieben.

Du willst die Seele des Partners
suchen und finden.
Ehe der Hahn kräht,
gibst du dich mit dem Körper zufrieden.

Du willst Gott suchen,
solange du lebst.
Ehe der Hahn kräht,
hast du auf Gott vergessen.

Du willst dir deine eigene
Meinung bewahren.
Ehe der Hahn kräht,
heulst du mit den Wölfen.

Du willst ein Vorbild sein
für viele.
Ehe der Hahn kräht,
ekelt es dir vor dir selbst.

Du hast die Gnade, wie Petrus
in dich zu gehen.
Zu weinen und dadurch
die Vergeblichkeit der großen Worte
zu erleiden.

Ich stehe vor einem Kreuz

Ich stehe vor einem Kreuz
und sehe das Gesicht des Gekreuzigten.
Ich bin erschüttert über die Wahrheit,
die mir gezeigt wird.

Ich höre die Nachrichten,
ich lese Zeitungen und bin betroffen:
Der Mensch lernt wenig aus der Geschichte.
Er leidet nach wie vor unsagbar viel.

Ich gehe in eine Kirche
und höre die Worte der Osterbotschaft.
Ich höre die Frage der Frauen,
die zum Grabe gehen:
„Wer wird uns den Stein vom Grab wegwälzen?"

Viele von uns fragen:
„Wer befreit uns vom Stein,
der auf unserem Leben lastet?"
Ich höre die Antwort des auferstandenen Herrn:
„Warum weinst du?
Ich war tot; doch siehe, ich lebe!
Ich halte die Schlüssel
der verborgenen Welten in meinen Händen.
Fürchte dich nicht, ich bin bei dir!
Dein Erlöser lebt.
Siehe, ich mache alles neu!"

Wo gestern noch Hass,
kann morgen Verstehen beginnen.
Wer gestern noch einsam,
kann morgen Gemeinschaft erleben.

Wer gestern noch trostlos,
kann morgen von der Gewissheit erfasst sein:
Auch die schwerste Stunde hat ihren Sinn!

Appelle eines Erzengels

Lernt von den Fischen des Meeres
den Rhythmus gläubigen Lebens!
Lernt von den Schmetterlingen Gottesverehrung!
Sie bleiben nicht auf Zäunen und Mauern.
Sie öffnen die Flügel und leben im Fluge.
Sie klatschen mit ihren Flügeln Gott Beifall.
Sie planen nicht Feste.
Sie feiern im Fluge.
Sie fliegen im Feiern.

Horcht auf den feinen Gesang
in Blumen und Menschen!
Lasst euch durch nichts
vom Tanzschritt abbringen.

Zeigt eurem Gott mit Händen und Füßen,
wie schön es ist,
auf der Erde zu sein,
mit Leib und Seele ein Mensch
nach Seinem Bilde zu werden.
Ehrt euren Gott
durch einen fröhlichen Blick,
durch Gesang und Humor!
Er ist Gott.
Das genügt für das Spiel.
Er hat das Spiel mit der Schöpfung begonnen.

Den Apfel vom Baum des Paradieses zu reißen,
statt sich beschenken zu lassen,
führt zum Ende des Spiels,
in die Tragik eigener Sturheit und Gier.

Fragt nicht so oft nach dem Sinn des Spiels!
Spielt mit wie Kinder
und ihr werdet den Tod überspielen!

Das Gesicht

Das Volk, das im Finstern wandert,
erschaut ein gewaltiges Licht.

Jesaja 9,1

Menschen mit Fragen ohne Antwort,
Menschen mit Sorgen ohne Aussicht,
Menschen mit Zweifeln ohne Glauben.

Du suchst ein Wort für sie.
Du findest keines.
Du suchst einen Ausweg für sie.
Es zeigt sich keiner.
Du suchst einen Erlöser für sie.
Es nähert sich keiner.

Du denkst hin,
du denkst her,
du denkst so,
du denkst anders.
Du gehst im Kreis mit deinen Gedanken.
Du siehst deine inneren Lichter verlöschen.

Du bist selbst von Fragen umstellt.
Du bist zum Zweifler geworden.
Da schaust du in das Gesicht
eines fünfjährigen Buben, der schläft.
Vertrauen ist greifbar vor dir.

Müde Zeitgenossen

Sie könnten lachen
und trauern dahin.
Sie könnten laufen
und humpeln dahin.
Sie könnten leben
und siechen dahin.

Viele hören die Worte
des Glaubens, der Liebe.
Die Worte dringen
in Menschen nicht ein.
Ihre Tiefen sind schon besetzt
von der dreifachen Angst
vor sich selbst,
vor dem andern,
vor Gott.
Dreifaltige Angst
verhindert die Freude.

Sie arbeiten tagaus, tagein.
Sie kämpfen und jagen.
Sie leiden viel und lernen wenig.
Sie fragen am Morgen: Warum?

Sie fragen am Abend: Wozu?
Sie ändern sich nicht.

Ihre Seele liegt wie im Grab.
Sie warten auf den Schöpfer-Geist,
der zum zweiten Mal
den feurigen Atem
in die Ackerscholle bläst.

Das Idealistendenkmal

Allen alles werden,
seine eigene Familie übersehen,
allen alles werden.
Sich selbst
keine fünf Minuten Pause gönnen
für die Frage:
Wer bin ich? Was will ich?
Was ist echt und was ist Maske?
Allen alles werden.
Den Rausch der Nächstenliebe genießen,
allseits beliebt,
ein Vorbild, ein Denkmal!
Das Denkmal ist rasch gebaut.
Doch eines Tages erhebt sich das Denkmal
und erkennt auf einmal sein Menschsein.
Da stürzt es vom Sockel,
da läuft es Sackgassen auf- und abwärts.
Für die Flucht bleibt Jonas als Sinnbild.
Flucht, Schiff, Sturm, offenes Meer.
Walfisch, wo bist du?

Ans Land gespien,
ohne schützende Hülle der Täuschung,
alles ist kantig, hart, spitz.

Und Gott sprach:
„Siehe, ich mache alles neu.“

Unauffällige Geisteskrankheiten

Jemanden abgöttisch lieben,
ihn abhängig halten.

Mit heiliger Begeisterung
die Dinge einseitig sehen.

Aus Vorurteilen
sein Wissen aufbauen.

Mit Formeln und Normen
den Geist auslöschen.

Mit sturen Gedanken
ein Gespräch beginnen.

Nach kurzem Verliebtsein
eine Ehe schließen.

Den Tod verdrängen,
ständig vergnügt sein,
die Stille fürchten,
heilig reden,
schäbig handeln.

Gott Vorwürfe machen,
statt sich selbst
zu erforschen.

Wer ist schuld?

Betrunken
an der Straßenecke.
Noch dazu ein Bettler.
Ein Opferstock,
der lebt.

Er ist genügsam geworden.
Einst bettelte er um Liebe,
die er nicht bekam.
Heute bettelt er um Geld.

Ich kann den Anblick
nicht verdrängen.
Ein schwarzer Fleck
auf meiner weißen Weste!

Ich hatte Glück! Er nicht.
Bin ich „schuld" am Glück?
Ist er „schuld" am Unglück?

Du erwartest viel von mir

Du erwartest viel von mir:
Frei werden
trotz meiner Triebe.
Unbegrenzt denken
trotz Raum und Zeit.
Mich von der Welt lösen
trotz Bindung an meine Sinne.

Dein Erwarten
weckt in mir Kräfte,
die ich nie für möglich hielt.
Du hoffst auf mich
und erziehst mich zum Glauben
an mich selbst.

Wir brauchen Menschen

Trotz der drei Milliarden:
viel zu wenig Menschen.

Wir brauchen Menschen,
die nach der zehnten Enttäuschung
noch vertrauen können.
Wir brauchen Menschen,
die ein offenes Wort riskieren,
wenn anderen ein Unrecht geschieht.
Wir brauchen Menschen,
die lieber hergeben
als kassieren.

Trotz der drei Milliarden:
viel zu wenig Menschen.

Wir brauchen Menschen
mit etwas mehr Heroismus
und weniger Paragrafengeist.
Wir brauchen Menschen
mit etwas mehr Praxis
und weniger Bequemlichkeit.

Wir brauchen Menschen
mit etwas mehr Hand
und weniger Faust.

Trotz der drei Milliarden:
viel zu wenig Menschen.

Wir brauchen Menschen,
deren Ja ein Ja
und deren Nein ein Nein ist.
Wir brauchen Menschen,
deren Hoffnung andere trägt
und zum Leben erweckt.
Wir brauchen Menschen,
damit die Zukunft menschlicher wird
als die Vergangenheit.

Christ sein

Ehrlich,
aber nicht lieblos.

Sensibel,
aber nicht gereizt.

Strebsam,
aber nicht verbissen.

Offen,
aber nicht unkritisch.

Treu,
aber nicht starr.

Überzeugt,
aber nicht fanatisch.

Gütig,
aber nicht dumm.

Gewaltlos,
aber nicht wehrlos.

Konsequent,
aber nicht rücksichtslos.

Erfolgreich,
aber nicht überheblich.

Humorvoll,
aber nicht ausgelassen.

Einfach,
aber nicht harmlos.

Von Gott erfüllt,
aber nicht weltlos!

Bist du ein Christ?

Du bist weder kalt noch heiß.
Weil du aber lau bist,
will ich dich ausspeien
aus meinem Mund.

Offenbarung 3,16

Bist du ein Christ?
Oder nennst du dich
nur versehentlich
einen Christen?

Nennst du dich einen Christen,
obwohl dein Feuer erloschen ist
und du dich über die Asche freust?
Nennst du dich einen Christen,
obwohl du dich an Menschen hängst,
die zu Asche geworden sind?
Nennst du dich einen Christen,
obwohl du nicht im Traum daran denkst,
auf dem Weg Jesu Christi zu gehen?
Nennst du dich einen Christen,
obwohl für dich satte Behäbigkeit
dasselbe wie Christentum ist?
Nennst du dich einen Christen,
obwohl du deine erste Liebe,
deinen Glauben, deinen Christus
vergessen hast?

Das Evangelium

An ihren Früchten
wird man sie erkennen.
Matthäus 7,16

An ihren Stimmen,
an ihren Häusern,
an ihren Liedern,
an ihren Büchern,
an ihren Freunden,
an ihren Ehen,
an ihren Kindern,
an ihrem Lachen,
an ihrem Schweigen,
an ihrem Reden,
an ihrer Trauer,
an ihrer Freude
wird man Christen erkennen.

Ein strahlender Mensch
beweist eindringlicher als Worte,
dass Gott im Menschen lebt.

II. Wer bist Du?

O du dreifaltiges Geheimnis

O du dreifaltiges Geheimnis,
Du über uns!
Vater und Richter!
Du Quelle des Seins!

Du mit uns!
Bruder und Meister!
Du Quelle der Weisheit!

Du in uns!
Beistand und Tröster!
Du Quelle der Liebe!

Du dreifaltiges Geheimnis
der Menschen!
Du schaust auf uns!
Du sprichst mit uns!
Du strömst in uns!
Du dreifaltiges Geheimnis!

Gib uns die dreifaltige Liebe
zu uns,
zum andern,
zu Dir, o Gott!

Eine uns wieder
mit uns,
mit den andern,
mit Dir, o Gott!

Sonst sterben wir
auf der Flucht
vor uns,
vor den andern,
vor Dir, o Gott!

Lass uns leben
vor Dir,
mit Dir,
in Dir,
o dreifaltiger Gott!
Amen.

Du grundloser Grund

Wie durchschaust Du mich,
ohne mich zu sehen!
Wie durchdringst Du mich,
ohne fassbar zu sein!
Wie sprichst Du in mir,
ohne mit einer Stimme zu reden!
Wie liebst Du mich,
ohne mich zu berühren!

Du unfassbares Geheimnis des Seins!
Du lautlose Tiefe in uns!
Du Brunnen in uns!
Du grundloser Grund in uns!
Du ewiges Licht
über unserem Abgrund!
Du gestaltloses DU!

Was wir von Dir begreifen,
das bist nicht Du!
Wie scharf wir auch denken,
wir erfassen Dich nicht!
Was wir zeichnen und malen,
darin wohnst Du nicht!
Du unfassbar ewiger Gott!
Du bist uns in allem voraus!
Du unerreichbares Du,
und doch uns näher als unsere Haut.
Die Ewigkeit wird zu kurz sein,
um Dich zu ergründen.

Du strömendes Du

Wie Tau auf den Gräsern
liegst Du auf meinen Gedanken.
Wie ein Morgen breitest Du Dich aus
über meinen Tiefen.
Wie ein Abend hüllst Du uns ein
in Dein Schweigen,
Du bleibendes Antlitz
hinter unseren flüchtigen Blicken,
Du strömendes Du hinter meiner Maske.
Du Ozean in den Augen der Guten,
Du Friede in den Händen der Liebenden,
Du reiches, fließendes,
unaufhaltsames, unerschöpfliches Du!
Du helles, Du dunkles Du!
Du überdachst mich
mit dem Zelt Deines Alls.

Du birgst mich,
Du erziehst mich zur Weite,
indem Du mich aus dem Paradies vertreibst.
Du hast mich aus dem Nest geworfen.
Einen unruhigen Geist
hast Du in meinen Lehm gehaucht.
Du lässt mich nicht ruhen.

Wie Abraham
drängst Du mich aus Ur in Chaldäa.
Jahrzehnte werden vergehen,
bis Licht und Dunkel geeint sind in mir,
wie sie eins sind in Dir.

Kein einsamer Gott

Dein Himmel, Deine Erde ist offen,
Du lebst nicht für Dich.
Du wagst Dich in unsere Häuser.
Du wartest,
bis man Dich einlässt.
Du liebst die Nähe der Menschen.
Du behältst nichts für Dich allein.
Du teilst Deine Macht.
Du nimmst uns die Angst
vor unserer Ohnmacht.
Jesus zeigt uns
Dein menschliches Antlitz.
Dein Geist lässt uns
schöpferisch sein.
Du freust Dich

an der Fülle der Schöpfung.
Du willst nicht allein sein.
Wo wir lachen und weinen,
wo wir denken und reden,
wo wir beten und forschen,
spüren wir deutlich:
Du näherst Dich uns
mit menschlichen Schritten.
Je mehr wir einander suchen,
desto eher finden wir Dich.

Du wartest
in vielen Gestalten
und Zeichen
vor unseren Augen und Herzen.

Gott geht mit

Der Herr, der Gott eurer Väter,
der Gott Abrahams, Isaaks und Jakobs,
hat mich zu euch gesandt.

Exodus 3,15

Gott ist.
Gott ist kein Hirngespinst.
Gott versteckt sich nicht.
Gott geht mit.

Gott ist Du.
Gott ist treu.
Gott geht mit Moses
zum Pharao,

ins Meer,
in die Wüste.

Gott geht mit
ins Getto,
ins Gefängnis,
in die Folterzelle,
zur Prüfung,
zum Traualtar,
zum Scheidungsrichter,
ins Altenheim,
ins Sterbezimmer!

Gott ist nicht feige,
Gott geht mit!

Du!

Wo niemand noch hinkam,
wartest Du immer schon.
Was niemand wahrnahm,
sahst Du immer schon.

Du trägst,
wo Besitz und Freiheit
zerbrechen.
Du hast ein Wort in der Stille,
wo die Weisen verstummen.
Du neigst Dich dem noch zu,
von dem alles sich abkehrt.
Du!

Du allein genügst
für ein volles Du
bei Tag und Nacht,
in Schwermut und Freude,
in und außer der Kirche.
Du stilles Gegenüber!
Du!

Wir können Tag für Tag
Hoffnung und Enttäuschung
vor Dir aufschichten.
Du bist nicht überfordert.
Du brichst nicht zusammen
durch bittere Stunden,
durch allzu viel Geben.
Seit Jahrmillionen
wirst Du angesprochen,
angeschrien, angefleht, angeweint,
seit Millionen Jahren
bist Du das stille Gegenüber,
das Du, das *wirkt,*
ohne gesehen zu werden.

Du erträgst mich

O Herr,
vor Dir kann ich
alle Fragen aussprechen.
Du wirst nicht ungeduldig.
Du hast Zeit,
unendlich viel Zeit.

Menschen, die zuhören können,
sind nach einiger Zeit
müde und überfordert.
Du bist nach stundenlanger Klage
und Anklage
immer noch gesammelt
und aufmerksam da,
so dass ich ausspreche,
was ich noch niemandem
gesagt habe.
Du erschrickst nicht.
Du hast meine Fragen nicht satt.
Bei Dir bin ich geborgen
und ich bin mir gewiss:
Du erträgst mich
mit all meinen Fragen
und Klagen.

Du liebst uns ohne Vorbehalt

Warum wagen wir es nicht
zu glauben,
dass Du uns nicht liebst,
weil wir gut sind,
sondern weil wir da sind?
Warum wagen wir es nicht,
Dir zu glauben,
dass Du uns vorbehaltlos
und nicht nur „unter Umständen",
dass Du uns bedingungslos

und nicht nur
unter bestimmten Bedingungen
annimmst?

O Herr!
Mach uns zu Missionaren
eines Glaubens,
der Menschen die Gewissheit gibt,
dass Dein Wesen Liebe ist!

Du bist ein zärtlicher Gott

Du bist ein zärtlicher Gott!
Du bist Liebe,
also bist Du
Mutter,
Vater,
Schwester,
Bruder,
Freund,
Nachbar.

Wir dürfen uns nicht
auf ein Bild festlegen!
Du bist Vater
und übersteigst alle Vaterbilder.
Du bist Mutter
und doch in keinem Mutterbild zu fassen.
Du bist Bruder und Schwester.
Wie viel können alle Bilder
von Deiner Liebe aussagen?

Du unendlicher Gott,
der Du uns zärtlich umarmst,
der Du uns führst mit fester Hand!
Der Du uns tröstest
als Gott in uns
und uns begleitest
als Gott mit uns!
Der Du für uns sorgst
als Gott über uns!
In allem ein liebender Gott!

Anders als sie wollten

Bei den Wundern,
da drängten sie sich um ihn.
Als er dem blinden Bartimäus
das Augenlicht gab,
da lobten sie Gott,
als er dem Gelähmten
das Aufstehen befahl,
da verstummten sie,
als er den Lazarus
vom Tode erweckte,
da standen sie dicht neben ihm:
seine Jünger – seine Kirche.

Als er aber vom Leiden sprach,
nahm ihn Petrus beiseite und sagte:
„Nicht leiden, mein Herr,
sondern mit dem Schwert kämpfen
und siegen!“

Er aber ging nach Jerusalem,
um zu leiden und zu sterben.
Er ließ sich in die Hände
seines Vaters fallen –
verlor und siegte in einem.

Abschied vom Gottesbild

Gott zerbrach den Rahmen des Bildes,
in den Abraham ihn einspannen wollte.
Er trieb den traumlosen Schläfer
ins weglose Land.
Dort unter zahllosen Sternen
war ihm der Unendliche nah.
Ohne Häuser und Städte,
ausgesetzt den Tieren und Feinden,
lernte er Gott kennen,
der in ihm sich verbarg.

Litanei des Abraham

Du bist diesseits.
Du bist jenseits.
Du bist am Rand.
Du bist in der Mitte.
Du bist da.
Nicht so wie ich denke.
Nicht so wie ich will.
Du bist anspruchsvoll.
Du bist unwahrscheinlich.

Du bist grenzenlos.
Du bist ungewöhnlich.
Du bist unstillbar.
Du bist unvorstellbar.
Du bist nicht
zum Schweigen zu bringen.
Du bist nicht einzuschläfern.
Du bist nicht zufrieden zu stellen.
Du bist das Maß aller Dinge.
Du bist die Zukunft der Welt.
Du bist kaum durchzuhalten.
Du bist mein Gott,
Gott Abrahams,
Du bist Du und sonst nichts.

Götterdämmerung

Der konstruierte Gott,
der gedachte Gott,
der eingebildete Gott,
der eingerahmte Gott,
der bürgerliche Gott,
der revolutionäre Gott,
der erträumte Gott,
der Gott, der von Menschen
gemacht wird.

Und Gott sprach:
„Ich bin, der ich bin."

Ich bin anders
als eure Bilder
und eure Gedanken!

Ich glaube nicht an Götzen

Ich glaube an einen Gott
und nicht an einen Götzen,
der mich stets beobachtet
und schon wartet,
dass er mich bestrafe.

Ich glaube an Gott,
der viel von mir fordert
und mir viel gibt.
Ich glaube an einen Gott,
vor dem ich auch schwach sein darf.
Ich glaube an einen Gott,
der mir meinen Irrweg klar zeigt,
der mir aber zur Seite steht
und mich ermutigt,
nach jedem Fall wieder aufzustehen.

Ich glaube an Gott,
der mich versteht und mir hilft,
ein Mensch zu werden.
Ich glaube an Gott,
der sich mir zärtlich zuwendet.

Der wartende Gott

Gott hält seine Hände
nach uns ausgestreckt
wie der Vater
des verlorenen Sohnes.
Gott ist geübt im Warten.

Er ist nicht einer,
der willkürlich Macht ausübt,
sondern ein Gott,
der unsere Freiheit achtet.
Er lässt uns frei sein,
selbst wenn wir uns
in Sackgassen verlieren.
Wir sollen
durch eigene Erkenntnis
den richtigen Weg finden.
Gottes Wesen
ist nicht Machtgier,
nicht Rachsucht,
sondern *Liebe*.

Könnten wir das endlich glauben!
Viel mehr Freude
würde uns der Gedanke an Gott
dann schenken!

Farbe an Farbe

Kinder malten ihren Gott.
Sie sparten mit den Farben nicht.
Eine riesige Sonne
im Wurzelgeflecht eines Baumes.
Eine helle Gestalt,
ein junger Gott,
ganz ohne Bart,
mit Augen so groß
wie die Rosetten von Chartres.

Mehrere Schichten von Farbe
auf ein und demselben Blatt.

Die Kinder hüpften und tanzten
um ihre Bilder herum.
Sie verwischten die Bilder,
um neue zu malen.

Ihre Bilder gefielen
den Gottesgelehrten nicht sehr;
sie fügten nicht Farbe an Farbe,
sondern Sätze an Sätze
und verstrickten sich
im Netz ihrer eigenen Worte.
Sie wurden ihrer Lehre nicht froh.

So lernt von den Kindern,
ihr Großen und Weisen,
im Spiele Bilder zu malen
und sich wieder von den Bildern zu lösen!

Vertraut euch den Kräften der Schöpfung an.
Doch bleibt nirgends kleben!
Lasst euch vom Besitzen erlösen
und Gott wird in euch zu tanzen beginnen.

Halleluja!

Halleluja! Lobsinget Gott in seinem Heiligtum,
lobsinget ihm in seiner machtvollen Feste!

Psalm 150,1

Es lobt Dich, Herr, Gott Sabaoth,
Orgel und menschliche Stimme!
Es lobt Dich, Herr,
Gewölbe und Boden aus Stein!
Es loben Dich Haupt- und Seitenschiff!
Es loben Dich Fenster und Mauern!
Es loben Dich Gitter und Türen!
Es loben Dich Nischen und Ecken,
Säulen und Statuen,
Tore und Windfang,
Glocke und Turmuhr,
Beichtstuhl und Taufstein,
Bilder und Fresken,
Kerzen und Ewiges Licht!

Es loben Dich Priester und Volk,
Lektor und Sänger!
Es lobt Dich unsere Kunst,
herrlicher, unendlicher Gott!
Hand geworden
in der Wölbung der Kirche.
Fenster geworden
für den schauenden Beter.
Ewiges Geheimnis des Seins,
Mensch geworden und Geheimnis geblieben,
Bild geworden und alle Bilder verlassen,
ewiger, unbegreiflicher Gott!

Nicht der Rauch der Brandopfer

Nicht nur der Weihrauchduft
aus den Kirchen und Domen,
sondern auch der Schrei der Gefolterten
aus zweihundertfünfzig Nationen
dringt zu Dir empor, o Herr!

Nicht nur die heiligen Gesänge
aller Riten und Liturgien
erreichen Dich, Herr,
sondern auch das „Warum?“
millionenfach
aus Krankenhäusern,
Altersheimen,
Pflegestätten.
Du hörst seit Jahrtausenden
die Seufzer der Tiere und Menschen.

Du hörst millionenmal:
„Ich kann nicht mehr“,
zu Dir kommt millionenmal:
„Ich liebe Dich“.

Du bist!
Du bist die Fülle von Freude.
Du bist die Fülle von Schmerz.
Du bist,
während wir werden!

Wie oft fragte ich

Nach Psalm 139

Wie oft fragte ich:
Wo bist Du, o Gott?
Hast Du Dich zurückgezogen?
Bist Du geflohen vor mir?

Wie oft sind meine Fragen
ein größeres Lob
als meine vielen Gebete.

Mitten im Schrecken
erkenn ich:
Du bist da!

Schau ich in die Augen
eines verwundeten Menschen,
den man vom Unfallort wegträgt,
Du bist da!

Blick ich in die Augen
von zwei Menschen,
die einander vor dem Altar
das Jawort geben,
Du bist da!

Besuche ich Menschen im Kerker,
die mit sich selbst ringen müssen,
Du bist da!

Blick ich ins Gesicht der Mönche,
die zum Chorgebet gehen,
Du bist da!

Schau ich in die Augen von Kindern,
die in der Schulbank vor mir sitzen,
Du bist da!

Schau ich in die Augen von Vorgesetzten,
bevor sie mir einen Auftrag erteilen,
Du bist da!

Schau ich in die Augen von Freunden,
die mir viel bedeuten,
Du bist da!

Sitze ich im Flugzeug,
8000 Meter über den Häusern der Städte,
Du bist da!

Fahre ich im Zug
durch die Nacht,
Du bist da!

Komme ich zu einer Sitzung,
Du bist da!

Wandere ich allein auf den Berg,
Du bist da!

Krieche ich in eine Höhle,
Du bist da!

Sitze ich in einer alten Kirche,
Du bist da!

Sage ich auch hundertmal:
„Ich sehe Dich nicht!"
Ich spüre doch:
Du bist da!

Und frage ich auch:
„Wo bist Du? Wo bist Du geblieben?"
Du bist da!

Denn Du bist Gott!
Und das heißt:
Du bist da!
Da für uns!
Halleluja!

Ich wollte schon immer ...

So spricht Gott:
Ich wollte schon immer mit dir reden,
aber du hast mir keine Zeit gelassen.
Ich wollte dir schon immer sagen:
„Ich bin für dich da."
Aber du hattest Angst.
Ich wollte dir schon immer sagen:
„Fürchte dich nicht, denn ich bin bei dir."
Aber du hast mir nicht geglaubt,
sondern mich für fern, für abwesend,
für tot gehalten.
Ich wollte schon immer mit dir reden,
aber du hast mich nicht ausreden lassen,
denn es steht dir frei,
dich zu entscheiden,
ob du mir zuhörst
oder ob du abschalten willst.
Wenn du bereit bist,
auf meine Worte zu hören,

dann möchte ich dir sagen:
„Mit ewiger Liebe habe ich dich geliebt."
Meine Liebe bleibt seit Ewigkeit gleich.
Ob du dich abwendest oder mir zuwendest,
ich liebe dich!
Weil du lebst, liebe ich dich.
Weil du dich entfaltest, liebe ich dich.
Weil du Mensch bist, liebe ich dich.
Weil du der Erde angehörst, liebe ich dich.
Weil du dich in Raum und Zeit,
in einem bestimmten Raum
und in einer bestimmten Zeit
bewähren musst, liebe ich dich.
Weil du nicht ohne Hoffnung und Glauben
leben kannst, liebe ich dich.
Mit ewiger Liebe liebe ich dich.
Du kannst dich mir anvertrauen.
Ich habe Zeit für dich.
Wann immer,
wo immer,
wie oft immer.
In der Nacht, am Tag,
komm zu mir, setz dich hin,
du brauchst mir nichts zu erzählen.
Ich sehe dich.
Wenn du willst, kannst du reden.
Rede, schreie, fluche, bete,
bete an, lauf fort, komm wieder,
mit ewiger Liebe liebe ich dich.
Meine Liebe zu dir war schon längst wirksam,
bevor du auf die Welt gekommen bist.
Ich liebe dich.

Weil ich dich liebe, bleibst du.
Du wirst nicht sterben.
Ich kann dich nicht vernichten,
weil ich dich liebe.
Was immer du tust, ich gehe dir nach.
Verlässt schon eine Mutter ihr Kind nicht,
auch wenn es etwas Böses tut,
so verlasse ich dich auf keinen Fall,
denn ich liebe dich.

Lass dich lieben!
Öffne dich,
lass dich von mir lieben!
Lass dich lieben von den Hügeln,
die du siehst.
Lass dich lieben von den Bergen,
lass dich lieben vom Blumenfeld
und lass dich lieben vom Quellwasser.
Lass dich lieben von den Menschen,
die dir zulächeln,
lass dich lieben von den Menschen,
die mit dir zusammen sind.
Lass dich lieben!
Lass dich lieben von der Erde
und lass dich lieben von den Sternen.
Mit ewiger Liebe habe ich dich geliebt,
Menschenkind,
ich kenne deine Geschichte,
mir ist nichts verborgen.
Ich warte,
bis du Ja zu mir sagst.
Ich möchte dich nicht erpressen.

Ich kreuze ab und zu deine Wege,
ich warte hoffnungsvoll,
angstlos auf dein Credo,
auf dein Vertrauen zu mir.
Ich habe nichts davon,
wenn du Angst hast vor mir,
aber um dein Vertrauen zu erlangen,
tu ich, dein Gott, alles für dich.
Amen.

Du sollst dir kein Bild machen

Als Jugendlicher
habe ich einmal
auf einer Baustelle gearbeitet.

Da hat man mich gefragt:
Wozu wirst du Priester?
Das ist doch kein Beruf
für einen Menschen,
der in der Welt steht!
Die Religion
braucht man doch nur
zur Kindererziehung ...

Ich erschrak
über dieses Gottesbild:
Gott als Wauwau,
Gott als Kinderschreck ...
Was wird nicht alles
zusammengedacht über Gott!

Noch immer erschrecke ich,
wenn ich merke,
was für grausame Bilder
über Gott
bei den Menschen
im Umlauf sind.

Abtötung

Was haben wir aus Dir gemacht?
Worte, die keiner versteht,
Begriffe, zu Tode geredet.

Du bist lebendig
und wir sind tot!
Lass nicht zu,
dass wir Dich zu Tode leiern
in unseren Kirchen!

Die beiden Hände des Ewigen

Auf der Tabernakeltür
stehen die Worte
„Alpha“ und „Omega“.

Alpha – die eine Hand des Ewigen;
Omega – die andere Hand.

Die eine Hand
fordert heraus:
„Komm mit!

Geh mit mir!
Gestalte mit mir
die Welt und das Leben!“

Die andere Hand
liegt auf meiner Schulter
und lässt mich spüren,
dass ich beschützt bin:
„Hab keine Angst,
einmal wird Liebe sein
alles in allem!“

Die beiden Hände des Ewigen
umfassen Anfang und Ende,
Alpha und Omega:
„Ich fordere dich
und ich schenke dir Ruhe.
Jetzt ist die Zeit
der Herausforderung,
dann aber bist du geborgen;
in aller Hast deines Lebens
bist du geborgen bei mir.“

Gebet des Meeres

Ich bin gefüllt
mit unendlich vielen Tropfen.
Aus tausenden von Flüssen und Strömen
bin ich geworden.
Ich trage die Schiffe,
die Lasten des Meeres.

Den Fischen gebe ich Heimat,
fließendes Zuhause.
Ich spiele mit meinen Wellen.
Die Seesterne blühen in mir.
Ich hülle Leben ein
und bin selbst umhüllt vom Kosmos.
Wie sehr verstehe ich Dich,
unendlicher Gott,
bin ich doch selbst unendlich weit!
Milliardenmal Welle,
fließend und doch konzentriert.
Wie bist Du mir nah!

Menschen haben Dich mit mir verglichen,
denn sie erkennen meine Ufer nicht,
wenn sie hinausblicken zu mir.
Sie sehen mich als die offene, ruhende,
bewegte, stille und stürmische Weite.

Du allein kennst die Anzahl der Tropfen,
aus denen ich gebildet bin.
Du liebst mich, Dein Meer.
Und des Nachts, wenn auf den Schiffen
die Menschen hinausschauen,
sehe ich in ihren Augen,
wie Du mich liebend anblickst,
o ewiger Gott!

Was sagen Worte?

Was sagen Worte,
Sätze,
Gespräche,
Bücher
über Dich wirklich aus?

Wo bist Du einzuordnen,
unendlicher Gott?
Wer will Dich,
den Unbegrenzten,
begreiflich machen?

Du bist weder
das Ergebnis von Schlussfolgerungen,
noch bist Du
für den Suchenden unerreichbar.
Du bist
die ständige Herausforderung,
zu suchen,
zu finden,
zu beten,
zu lieben.

Wie stark ist ER?

Wie sehr Gott da ist
am Rande
und in der Mitte des Lebens!
Hinausgefegt aus unseren Gedanken,
kehrt Gott wieder
in unseren Träumen.
Verdrängt aus unseren Plänen,
erhebt ER sich
aus der Leere unserer Erfolge.
Niedergetrampelt
beim Durchsetzen unserer Ziele,
schaut Gott uns an
mit den Augen
der von uns Gedemütigten.
Wie stark ist ER,
der Ohnmächtige,
dessen Allmacht
stumme, stille Liebe ist!

Jesus – der Menschensohn

O Gott!
Da Du Mensch geworden bist,
ist das Werden und Wachsen
mindestens so Dein Wesen
wie das Vollendetsein.

Du wirst Mensch!
Wie schält sich Dein Wesen
aus menschlichen Gestalten
und Augen heraus!
Wo wir im Gespräch sind mit Dir,
stoßen wir an den Grund,
der Dir und uns gemeinsam ist.

Wir erkennen für Augenblicke,
für Bruchteile von Sekunden,
für Stunden und Tage,
wie sehr wir zusammengehören.

Doch wir schieben Dich
ins Jenseits der Dinge und Menschen.

Wo wir Dich verdrängen,
werden wir Maschinen,
Marionetten und Masken.
Gott, wir kommen von Dir nicht los,
denn Du bist Mensch geworden.
Wo wir vor Dir fliehen,
entfremden wir uns unserer Seele!

Jesus – das Lamm

Seht das Lamm Gottes,
das die Sünde der Welt hinwegnimmt.
Johannes 1,29

Ein Lamm,
nicht ein Löwe!
Er liebt,
er hasst nicht,
löscht nicht den glimmenden Docht.
Zerbricht nicht das Rohr.
Kein Fanatiker,
kein politisches Programm.
Keine Strategie.
Kein Diplomat, kein Manager.
Ein Menschensohn,
ein Gottessohn,
ein Lamm.
Kein Machtmensch,
ein Lamm.

Die Antwort Jesu

Ich bin der Auferstandene.
Ich bin das Leben.
Ich musste das leiden,
um so zu meiner Weite zu kommen.
Ihr saugt euch am Leiden dieser Erde fest,
ihr redet oft von Krankheit,
berichtet breit über das Böse,
sprecht nur von Streitigkeiten
und Schwierigkeiten.
Euch ist viel geschenkt,
doch ihr nützt euer Leben nicht.
Ich bin herabgestiegen,
nur ihr habt mich wieder hinaufgehängt.
Ihr habt vergessen,
mich vom Kreuz herunterzunehmen.
Ich bin für euch ein Schreckgespenst geworden.
Ihr habt das Leiden verherrlicht.
Zählt einmal in euren Predigten,
in euren Büchern und Gebeten,
wie oft vom Leiden,
wie wenig von Gemeinschaft,
von Freude und Glück die Rede ist.
Ich bin doch gekommen,
um euch den Weg
zu einem erfüllten Leben zu zeigen
und nicht, um euch das Leben
schwer zu machen!

Dialog mit dem Gekreuzigten

Steig herab vom Kreuz,
das kann nicht Dein Ernst sein!
Ein Gott am Kreuz!
Ohnmächtig sind wir selber.
Musst Du uns die Ohnmacht
auch noch zeigen?
Steig herab vom Kreuz!
Hörst Du täglich
die Millionen Schreie der Menschen,
das Wimmern der Kinder,
die noch nichts wissen,
die nur leiden?
Hörst Du das alles,
siehst Du das alles,
fühlst Du das alles?
Du senkst den Kopf,
Du hängst da.
Wie sollst Du die Arme
um uns legen können?
Deine Hände sind angenagelt!
Wie sollst Du zu uns kommen?
Deine Füße sind von Nägeln durchbohrt!
Warum hängst Du da oben
und rührst Dich nicht?

Steig herab vom Kreuz!

„Steig herab vom Kreuz!“,
so schrien sie.

Wir wollen glauben,
wenn wir um das Kreuz herumkommen.

Wir wollen glauben,
wenn es nichts kostet.

Wir wollen glauben,
wenn wir nichts lernen müssen.

Wir wollen glauben,
wenn wir nicht denken müssen.

Wir wollen glauben,
wenn alles so bleibt wie es ist.

Wir wollen glauben,
wenn unsere Ruhe nicht gestört wird.

Wir wollen glauben,
wenn das Mittelmaß das Ideal sein darf.

Wir wollen glauben,
wenn wir mit halben Lösungen leben dürfen.

Wir wollen glauben,
wenn wir Geld als Gott verehren dürfen.

Wir wollen glauben,
wenn wir den Feind vernichten dürfen.

Wir wollen glauben,
wenn der Glaube unsere Macht verstärkt.

Wir wollen glauben,
wenn die Wahrheit zum Lehrsatz wird.

Wir wollen glauben,
doch wir wollen uns nicht ändern.

„Steig herab vom Kreuz! Es ist noch Zeit!
Steig herab! Wir bitten Dich.
Siehst Du nicht ein:
Du bist allein mit Deiner Wahrheit!
Steig herab und zeig,
dass Du nur ein Mensch bist,
der zu schwach ist, zu seinem Wort zu stehen.
Steig herab vom Kreuz!
Gib nach und sei vernünftig!
Wir wollen Deinen Anspruch rasch vergessen!
Steig herab vom Kreuz,
wir folgen Dir!
Dort oben bleibst Du allein!“

Und er starb dort oben!
Als Zeuge der Wahrheit, nicht der Lüge.

III. Du bist bei mir

Gott unter uns

Er blieb nicht in der Sicherheit
dreieinigen Seins,
er hat sich mit dem Menschen verbündet,
er wagte sich vor
in die Abgründe der menschlichen Freude,
der menschlichen Angst und menschlichen Liebe.
Dornbuschfeuer des Moses,
hinuntergebrannt vom Himmel zur Erde,
bis zur leidenschaftlichen Rede
gegen die Pharisäer.
Nun fängt die Schöpfung nochmals an.
Gott unter den Menschen.
Er hat unter uns gewohnt
und unter uns seine Herrlichkeit ausgebreitet,
die Herrlichkeit des einzigen Sohnes
vom ewigen Vater.
So schauet den Menschen an –
öffnet die Augen!
Er ist da!
Gekommen ist mitten unter uns
der Menschensohn,
der Gottessohn!
Breitet die Arme aus –
Herrlichkeit um Herrlichkeit
in eure Arme zu schließen.

Der Mensch kann sich nicht mehr
in sich selbst verschließen.
Seine vier Wände – sind Wände auf Zeit.
Die Welt ist aufgebrochen
bis in die unendlichen Sphären.
Gott hat kein Ende.
Wo soll der Mensch enden,
wenn Gott Mensch geworden?

Der Unendliche leuchtet bald hier auf, bald dort,
wo Menschen einander
in durchdringender Klarheit bestaunen,
nicht in Gier und nicht in Berechnung.
Wo Menschen einander erahnen
in ihrer ewigen Form,
wo die Kulissen einstürzen
vor der Kraft des Du auf Du,
wo der Mensch sich und die Erde verlässt,
um im Anderen Heimat zu finden.
Es beginnt die gefesselte Kreatur
das Urlied zu singen:
„Seht, mein Erlöser lebt ..."
So erhebe dich, Hiob,
steig herab vom Aschenhaufen,
du bist vom Aussatz befreit,
du bist in die Fülle gestürzt,
tanze und halte nicht still,
bis deine Gedanken verebben,
bis dein Halleluja die Toten erweckt.

In Seiner Nähe

Fürchte dich nicht,
denn ich bin bei dir,
Josef in der Zisterne,
Moses im Roten Meer,
Daniel in der Löwengrube,
Jeremias im Block,
Jesus am Kreuz.
Fürchte dich nicht,
verfolgter Jude,
gefolterter Häftling,
benachteiligter Schwarzer!
Fürchte dich nicht,
wer du auch immer bist,
denn ich bin bei dir.
Ich bin der Herr, dein Gott,
der dich aus Ägypten
herausgeführt hat.

Freude am Wagnis

Gott fühlt sich nicht wohl
im Marionettentheater.
Er hat Lust
am freien Menschen.
Er hat Freude
an der Begegnung.

Gott fördert die Freiheit des Menschen
bis zum Widerstand gegen Gott selbst.

Gott fühlt sich nicht wohl
im Marionettentheater.
Er wagt
die Freiheit des Menschen.
Er hat Freude am Wagnis,
weil er den Menschen liebt.

Nicht fliehen, hindurchgehen!

Du sollst nicht ohne Erde
in den Himmel kommen.
Gott ist Mensch geworden,
um den Himmel in der Erde
zu verankern,
um im Leib das Licht
anzuzünden,
um das Starre zu beseelen.
Um das Leben zu verdichten.

Gott ist Mensch geworden
als Hilfe für den Menschen.
Nicht um unser Denken
mit neuen Dogmen
zu belasten.

An dunklen Tagen

Auch an Tagen,
an denen wir uns anstrengen
und mühen,
ohne vorwärts zu kommen,
wenn wir das Ende der Machbarkeit
erleiden müssen;
auch an Tagen,
an denen der Drang
zum Fragen und Klagen
bedrohlicher wird
und alles mitreißt,
was wir an Dämmen
gegen die Schwermut,
gegen den Zweifel
aufgebaut haben:
auch an diesen Tagen,
bist DU, o Gott,
da,
verborgen,
weit innen in mir –
da!

Du führst uns

Wie unterschiedlich
Du Menschen führst,
die sich Dir anvertrauen!
Wie zart
Du in der Stille zu uns sprichst!
Wie einfühlsam
Du uns begleitest!
Wie entschieden
Du aber auch
etwas verlangen kannst
mit der ganzen Autorität
des Allmächtigen
und All-Liebenden.
Wie demütig
Du oft vor unserer Tür wartest,
bis wir nach einer Zeit
der Verschlossenheit und Verbitterung
Dir wieder trauen
und Dich wieder einlassen.
Denn Du kannst warten
wie keiner.

Du bist bei mir

Du bist bei mir.
Du hörst mir zu.
Du nimmst mir die Angst.
Du schenkst mir Vertrauen.
Was ich auch tue,

Du zeigst mir Verständnis.
Schrei ich auch oft:
„Du liebst mich nicht mehr!“,
Du bleibst mir doch treu.

Ob ich bete oder grüble,
ob ich klage oder lobe,
bitte oder danke,
Du bleibst bei mir,
mir näher
als mein Herz mir sein kann.

Was mir auch fehlt

Nach Psalm 23

Was mir auch fehlt,
Du bist bei mir.
Muss ich auch gehen
von Fremde zu Fremde,
Du bleibst mir die Heimat.
Erleide ich Schmerz um Schmerz,
Du gibst mir die Stärke.
Frag ich auch „Warum?“ und „Weshalb?“,
Du bleibst mir die Antwort nicht schuldig.
Muss ich auch wandern
vom Diesseits ins Jenseits:
Du hältst mir die Hand.

Dein Reich komme

Monarchien,
Diktaturen,
Demokratien
sind gekommen.
Dein Reich komme!

Konzepte,
Reformen,
Erstarrung.
Dein Reich komme!

Fortschritt,
Wohlstand,
Engpass.
Dein Reich komme!

Mutter Kirche,
Vater Staat,
Gesetze.
Dein Reich komme!

Gerichte,
Strafen,
steigende Kriminalität.
Dein Reich komme!

Begeisterte,
Enttäuschte,
Geführte,
Verführte.
Dein Reich komme!

Dein Reich komme
durch Dich,
durch mich,
durch uns.

Mehr als eine Macht!

Viele reden
stundenlang
über Gott
und haben
nie den Mut,
mit Gott zu reden.

Sie begnügen sich
mit der Meinung:
Es gibt eine
„höhere“ Macht,
ein Gesetz.

Wer sich
auf Gott einlässt,
wird erfahren:
Gott ist ein DU.
Er schwebt nicht über uns,
er bleibt an unserer Seite
wie ein Freund.

Vater unser

Vater unser,
ein Gott für uns,
nicht ein Gott für sich!

Vater unser:
Industriekapitäne,
Bosse, Direktoren,
Pfarrer, Bischöfe,
Kardinäle,
Händler.
Vater unser:
Schlosser, Bauern
und Studenten,
Intellektuelle
und Kretins,
Riesen und Pygmäen,
Gesunde und Kranke.
Vater unser:
Krüppel und
Schönheitsköniginnen,
Präsidenten,
Diktatoren,
Unterdrückte,
Tyrannen,
Verbannte und
Verräter.

Vater unser,
ein Gott für uns,
nicht ein Gott für sich!

Gott fragt dich

Ich habe für dich die Berge erschaffen.
Warum wanderst du nicht?

Ich habe dir Kinder geschenkt.
Warum hast du keine Zeit für sie?

Ich habe für dich Bücher schreiben lassen.
Warum liest du nichts?

Ich habe dir eine Stimme geschenkt.
Warum singst du nicht?

Ich habe dir einen Leib geschenkt.
Warum bewegst du ihn nicht?

Ich habe dir Gefühle geschenkt.
Warum verdrängst du sie?

Ich habe für dich Quellen fließen lassen.
Trinken musst du selber!

Warum misstraust du mir, Mensch?

Warum nur willst du mich
durch deinen Unglauben strafen?
Weil du den beruflichen Aufstieg
nicht geschafft hast?
Ich frage dich:
Warum hast du vergessen,
dass ich dich tausend mal tausendmal
im Straßenverkehr beschützt habe?

Warum denkst du nicht daran,
dass ich dich durch Begegnungen
mit liebenden Menschen
in eine neue Welt der Gefühle versetzt habe?
Warum misstraust du mir,
obwohl du erlebt hast,
dass ein Mensch auf dich zukam,
bei dem du ein Zuhause fandest?
Warum glaubst du mir nicht,
dass ich aus deinem Scherbenhaufen
ein Kunstwerk gestalten kann?
Warum traust du mir nicht zu,
dass ich deine leidvollen Kindheitserlebnisse
in Keime verwandle,
die dreißig-, sechzig- und
hundertfältige Frucht bringen werden?

Der vergessene Gott

Baut der Herr nicht das Haus,
mühen sich umsonst, die daran bauen.
Psalm 127,1

Baut der Herr nicht die Welt,
wird sie zur Unterwelt.

Baut der Herr nicht das Haus,
gibt es kein Zuhause für dich.

Gründet der Herr nicht die Ehe,
wird sie zum Kerker für dich.

Lenkt der Herr nicht dein Leben,
läufst du ständig im Kreis.

Wohnt der Herr nicht in dir,
zerfällst du in Gedanken und Triebe.

Existenz ist Liebe

Es strömt in einem fort.
Das All drängt
nach Empfängnis.

Sei still!
Das Wort ist unterwegs zu dir.

Sei still!
Die Hand hat sich auf dich gelegt.

Sei still!
Die Last wird abgenommen.

Sei still!
Du siehst den Grund.

Sei still!
Du wirst von Kraft erfüllt.

Es strömt
von Anfang an.
Gott ist aus sich
herausgegangen.
Es strömt in einem fort.
Seitdem ist Leben,
Gnade, Liebe.

Gott hat die Stille
als sein Haus gemietet.

Sei still!
Gott kommt auf dich zu,
schneller als ein Lichtstrahl.

Menschen, nicht Marionetten

Die Bibel zeigt uns Menschen,
die oft „Nein“ geschrien haben,
die klagten,
die mit Gott gestritten haben.
Doch sie ließen sich führen,
bis sie erkannten:
Der Herr ist mein Hirt.
Nichts wird mir fehlen.
Und muss ich auch gehen
durch dunkle Schlucht,
ich fürchte kein Unheil.
Du bist bei mir!

Dennoch

Zum tausendsten Mal
sich selbst
als Schwächling,
als Schwätzer.
als Feigling,
als Schlampigen,

als Süchtigen,
als Zweifler
annehmen
und wieder zu Gott gehen,
der uns
durch den Propheten Jesaja
sagen lässt:
Und gehst du durchs Wasser:
der Strom reißt dich nicht fort!
Und gehst du durchs Feuer:
die Flamme verbrennt dich nicht!
Ich bin bei dir!

Seine Sonne geht auf

Seine Sonne geht auf
über Verurteilte und Richter,
Folterknechte und Gequälte,
Kinder und Eltern,
Enttäuschte und Satte,
Erfolgreiche und Pechvögel,
Ausländer und Nationalisten,
politisch Verfolgte und Gesinnungslumpen,
Sektierer und Rechtgläubige,
Pessimisten und Optimisten,
Verratene und Verräter,
Berühmte und Namenlose,
Etablierte und Proleten,
Professoren und Putzfrauen,
Rechtsradikale und Linksradikale,
Opportunisten und Nonkonformisten,

Mindestrentner und Millionäre,
Polizisten und Gauner,
Atheisten und Christen.

Seine Sonne geht auf
über Gute und Böse,
über Freunde und Feinde.
Und unsere Sonne bleibt
über den Freunden stehen.

Liebe deine Feinde!

Liebe deinen Feind!
Denn auch in ihm
begegnest du Gott.
Er kann
dein Lehrmeister sein.
Er kann dir helfen,
Gelassenheit zu erreichen.
Er kann dir zeigen,
wie tief du
mit Gott verbunden bist.
Denn ohne Gottes Gnade
könntest du
den Hass nicht überwinden.

Das Gericht

Wir werden mit großen Augen dastehen,
die Guten und die Bösen.
Wir werden Jesus fragen:
„Wo sind wir Dir in unserem Leben
schon einmal begegnet?“
Da wird der Herr
die Nachbarn, die Freunde,
die Feinde, die Armen,
die Kranken, die Verurteilten,
die Ausgestoßenen, die Wehrlosen,
die Geisteskranken
vorbeiziehen lassen.
Menschen, die uns kaum einmal
aufgefallen sind
oder deren Anblick wir verdrängt haben,
die uns jedenfalls
nicht viel bedeuteten.
Und er wird fragen:
Erkennt ihr mich wieder?

In Erinnerung an Kurt

Gott ist von seinem Kontrollturm
heruntergestiegen und hat sich
unter die Menschen gemischt.

Die Erzengel zogen es vor,
im Himmel zu bleiben.
Sie dachten,
der Teufel schläft nie.

Gott verbringt seine Zeit
nicht mit dem Bewachen von Menschen.
Gott nimmt sich Zeit
für die Gespräche mit Eltern und Kindern,
mit Propheten und Weisen.

Gott schaut nicht auf uns herab
wie ein Diktator.
Gott hat sein Fernglas weggelegt.
Er hat sich zu uns gesetzt.

Er hat sich selbst gesagt:
Ich habe den Menschen erschaffen,
ich glaube an ihn.

Du bist nicht nur in der Kirche

Nicht nur im Dom,
nicht nur in der Wallfahrtskirche,
nicht nur im Tabernakel,
auch hier in einer kleinen Wohnung,
wo wir mit Arbeitslosen
zusammensitzen,
um über ihre Zukunft
nachzudenken,
bist DU anwesend,
bist DU wirklich
wirkend da!
Das bewahrt uns
vor Resignation
und gibt uns
neuen Mut.

Auf der Flucht

Auf der Flucht
vor dem Gespräch
ins Geschwätz,
auf der Flucht
vor dem Schweigen
in das Lärmen,
auf der Flucht
vor mir selbst
in die Masse –
wird Gott
mich nicht
ergreifen können.
Da ich nicht
zu mir gekommen bin,
wird Er mich nicht
treffen können.

Zweifache Verheissung

Der Herr ist mein Hirt,
nichts wird mir fehlen.
Psalm 23,1

Du wirst mir nichts ersparen,
nicht den Weg durch die Wüste,
nicht den Kampf mit dem Goliat,
nicht den Platz auf dem Aschenhaufen des Hiob,
nicht den Sitz unter dem Ginsterstrauch,
nicht das babylonische Exil –

Der Herr ist mein Hirt.
Er wird mich ins Grab bringen
und wieder heraus –
Der Herr ist mein Hirt,
nichts wird mir fehlen,
nicht die Geborgenheit in der Arche Noachs,
nicht das Wohnen im Zelte des Herrn.
Der Herr ist mein Hirt,
nichts wird mir fehlen.
Alles darf mir genommen werden,
außer dem Vertrauen zu Ihm.

Was bedrückt dich, meine Seele?

Was bedrückt dich, meine Seele,
und warum stürmst du in mir?
Hoffe auf Gott,
noch werd' ich ihn rühmen.
Das Heil meines Angesichts
und meinen Gott!
Aus Psalm 42

O Herr, ich sehe mit Schrecken:
Kaum ist ein Zweifel besiegt,
kommt eine neue Nachricht,
die mich beunruhigt.

Hab ich nach langen Gesprächen
meine Einheit mit Menschen gefunden,
stört ein neuer Zwiespalt den Frieden.

Wo ich gestern noch helfen konnte,
stehe ich heute selbst hilflos da,
und wie ich auch denke und denke,
ich komm an kein Ende.
So bleib ich bedrängt.

Doch Deine Hand, o Herr,
reißt mich heraus.
Plötzlich spüre ich:
Du bist da!
Nicht, wie ich es erwarte,
nicht, wie ich es erhoffe.
Bilder von Dir, die ich mir machte,
zerbrechen durch Lebenserfahrung.
Täuschungen gebe ich auf.
Du hast mich von neuem geprüft.
Du hast mir von neuem die Richtung gezeigt.

Geh heim!

Gott ist in dir!
Warum suchst du ihn überall
in den schönen Kirchen
landauf und landab,
nur nicht in dir?

Gott ist die Liebe!
Warum glaubst du das nicht?

Gott spricht zu dir.
Warum wirst du nicht still,
um ihn zu hören?

Ich bin bei dir

Ich bin bei dir!
Und bist du
mitten in der Auseinandersetzung,
hilflos jenen ausgeliefert,
die dich vernichten
und auslöschen möchten:
Ich bin bei dir!

Und bist du allein
mit deinem Elend:
Ich bin bei dir!
Ich sage dir Worte,
die dich erlösen,
die dich weinen lassen,
die dich sterben
und auferstehen lassen.

Ich bin bei dir –
nicht nur mitten im Dom,
sondern auch im Krankenhaus,
im Keller,
mitten auf der Straße.
Ich bin bei dir!

Der Herr ist mein Hirt

Nach Psalm 23

Der Herr ist mein Hirt,
nichts kann mich töten.

Menschen beobachten mich.
Sie urteilen schnell.
Sie kennen mich kaum.
Ich bete zum Herrn.
Der Herr ist mein Hirt.
Sein Blick reicht
bis zum Grund meiner Seele.
Sein Blick birgt
alle Güte der Welt.

Der Herr ist mein Hirt,
nichts wird mir fehlen.
Er wird nicht müde,
Tag und Nacht mein Beten zu hören.
Er bricht nicht zusammen
unter der Last, die ich ihm übergebe.
Er gibt mir die Kraft,
unverdrossen zu helfen.
Der Herr ist mein Hirt,
nichts kann mich töten.

Die Tage vergehen,
Menschen eilen vorüber an mir.
Ich sehe ein Hasten und Eilen
durch Städte und Länder.

Ich ahne die wachsenden Schatten
rund um die Welt.
Doch ich weiß:
Der Herr ist mein Hirt,
nichts kann mich töten.

Meine Umgebung versteht mich nicht.
Sie tragen Masken und öffnen sich nicht.
Sie reden geschwätzig.
Sie geben mir nichts.
Ich ertrinke im Schweigen.
Ich finde das Wort nicht,
das mich mit ihnen verbindet.
Der Herr ist mein Wort,
das Nähe mir schafft.

Ich frage und suche,
ich denke und forsche,
doch die Frage brennt ständig in mir:
Woher und wohin?
Der Herr ist mein Hirt,
er zeigt mir den Weg
vom Grübeln zum Glauben,
vom Engpass ins Weite.

Die Unruhe der Welt
bedrängt mich sehr.
Beim Herrn finde ich
Stille und Ruhe.
Er ist mein Fels,
wo alles sich auflöst.
Er ist mein Halt,
wo alle Stützen zerbrechen.

Er steht, wo wir fallen.
Er liebt, wo wir hassen.
Er schweigt, wo wir irren.
Er ist, wo wir werden.

Der Herr ist mein Hirt,
nichts kann mich töten.

Und muss ich durch dunkle Schluchten gehen,
ich fürchte kein Unheil.
ER ist bei mir!

Er führt uns heim

Nach Psalm 126

Wenn Gott uns heimführt
aus den Tagen der Wanderschaft,
uns heimbringt
aus der Dämmerung
in Sein beglückendes Licht,
das wird ein Fest sein!
Da wird unser Staunen
von neuem beginnen.
Wir werden Lieder singen,
Lieder, die Welt und Geschichte umfassen.
Wir werden singen, tanzen
und fröhlich sein:
Denn Er führt uns heim:
aus dem Hasten in den Frieden,
aus der Armut in die Fülle.

Wenn Gott uns heimbringt
aus den engen Räumen,
das wird ein Fest sein!
Und die Zweifler
werden bekennen:
Wahrhaftig, ihr Gott tut Wunder!
Er macht die Nacht zum hellen Tag,
er lässt die Wüste blühen!
Wenn Gott uns heimbringt
aus den schlaflosen Nächten,
aus dem fruchtlosen Reden,
aus den verlorenen Stunden,
aus der Jagd nach dem Geld,
aus der Angst vor dem Tod,
aus Kampf und aus Gier,
wenn Gott uns heimbringt,
das wird ein Fest sein!
Dann wird er lösen
die Finger der Faust,
die Fesseln, mit denen wir uns
der Freiheit beraubten.
Den Raum unseres Lebens
wird Er weiten
in alle Höhen und Tiefen,
in alle Längen und Breiten
Seines unermesslichen Hauses.
Keine Grenze zieht Er uns mehr.
Wer liebt, wird ewig lieben!

Wenn Gott uns heimbringt,
das wird ein Fest sein!

Wir werden einander umarmen
und zärtlich sein.
Es werden lachen
nach langen Jahren der Armut,
die Hunger gelitten.
Es werden singen
nach langen unfreien Nächten
die von Mächten Gequälten.
Es werden tanzen die Gerechten,
die auf Erden kämpften und litten
für eine bessere Welt!

Wenn Gott uns heimführt,
das wird ein Fest sein!
Den Verirrten werden die Binden
von den Augen genommen.
Sie werden sehen.
Die Suchenden finden endlich ihr Du.
Niemand quält sich mehr
mit der Frage „Warum?"
Es werden verstummen,
die Gott Vorwürfe machten.
Wir werden schauen,
ohne je an ein Ende zu kommen.
Wenn Gott uns heimführt,
das wird ein Fest sein!

Der Mensch sät in Betrübnis,
er leidet und reift.
Es bleibt sein Ende
ein Anfang.
Wer sät in Betrübnis,
wird ernten in Freude.

Denn Gott, unser Gott,
ist ein Gott der ewigen Schöpfung,
ein Gott,
der mit uns die neue Erde,
den neuen Himmel gestaltet.
Er lässt uns kommen und gehen,
lässt uns sterben und auferstehn.

Der Sand unserer irdischen Mühsal
wird leuchten.
Die Steine, die wir zusammentrugen
zum Bau unserer Welt,
sie werden wie Kristalle glänzen.
Wir werden uns freuen
wie Schnitter beim Ernten.
Wenn Gott uns heimbringt
aus den Tagen der Wanderschaft,
das wird ein Fest sein!
Ein Fest ohne Ende!

Es wird berichtet

Es wird berichtet
von einem Mann
namens Jesus,
dass er mit den verhassten
Samaritern sprach.
Es wird berichtet,
dass er bei den Pharisäern aß.
Es wird berichtet,
dass er nicht sparsam war
mit harten Worten,
wenn er die Pharisäer
zur Rede stellte.
Es wird berichtet,
dass er sich mit nicht sehr ehrenhaften
Leuten abgab.
Es wird berichtet,
dass er Kranke heilte.
Es wird berichtet,
dass er Händler
aus dem Tempel trieb.
Es wird berichtet,
dass man ihn einige Male töten wollte.
Es wird berichtet,
dass er deswegen nicht weniger offen redete.
Es wird berichtet,
dass er gekreuzigt wurde.
Es wird berichtet,
dass er seinen Feinden am Kreuz verzieh.
Es wird berichtet,
dass er lebt.

Er ist ein Mensch geworden wie wir

Er ist ein Mensch geworden wie wir,
eingeklemmt zwischen Geburt und Tod,
zermürbenden Mächten ausgesetzt,
im Kampf mit denen, welche die Lüge lieben,
umgeben von Menschen, die ihn kaum verstanden,
geschunden, gequält, gekreuzigt:
Jesus von Nazaret.

Er lebte im Zwiespalt,
versucht und verlassen;
er ist zugrunde gegangen
mit der Frage: Warum?
Seine Antwort ermutigt uns
zum Leben.
Er hat sein Wort gegeben,
das die Angst vertreibt,
das vom Zweifel befreit
und das Hoffnung ermöglicht.

Er war, wo Menschen kämpften und litten,
wo Menschen ihre Hoffnung nicht aufgaben,
wo sich Arme, Entrechtete, Unnütze trafen.
Er war mitten unter Fremden und Feinden.
Er litt an der Lüge und an der Falschheit.
Er blieb bei der Wahrheit und sah in der Liebe
den Ausweis des Glaubens.
Er sprach Worte, die seine Freunde
nicht vergessen konnten.

Eine Verheißung
durchzieht unser Leben:

Sein Geist macht uns bereit,
immer neu aufzubrechen
zu anderen Ufern.
Er gibt uns Vertrauen,
selbst Unmögliches zu versuchen,
wachsam zu bleiben,
die Wahrheit zu sagen,
ein geknicktes Rohr nicht zu brechen,
einen glimmenden Docht nicht zu löschen,
Getretene aufzurichten,
Geschundene nicht allein zu lassen,
Stummen ein Mund,
Tauben ein Ohr,
allen alles zu werden.

Mit Dir auf dem Weg.
Wohin ich auch gehe,
Du bist an meiner Seite.
Wohin ich auch blicke,
dahinter stehst Du!
Was ich auch höre,
Du sprichst mit mir.
Wer ich auch bin,
Du bist bei mir!

IV. Auf der Suche nach Dir

WAS BRAUCHT DER MENSCH?

Selig zu preisen der Mann,
der die Versammlung der Gottlosen meidet,
der den Weg der Lügner nicht geht
und nicht in der Runde der Spötter sitzt;
er ist wie ein Baum, an Wasserbächen gepflanzt.

Psalm 1,1

„Ich brauche Gott nicht!"
sagen sie und brauchen
Frau um Frau, Mann um Mann,
Auto um Auto, Titel um Titel.
Sie werden nicht satt
und fühlen sich einsam.

„Ich brauche Gott nicht!"
sagen sie und brauchen Tabletten
und können nicht schlafen.

Von der Sehnsucht blieb die Sucht,
von der Liebe die Gier,
von der Politik die Intrige,
von der Macht die Gewalt,
von der Autorität der Zwang,
von der Technik die Angst,
vom Reichtum der Streit,
vom Glauben das Brauchtum.

Selig der Mensch, der Gott braucht!

Dein Gesicht vor uns

Ich erhebe mein Antlitz zu Dir,
der Du im Himmel wohnst!
Psalm 123,4

Wohin soll ich schauen, Herr?
Die Plakate öden mich an.
Ihre Werbung
für die Vergänglichkeit
täuscht Bleibendes vor.

Die Menschen scheuen sich,
einander ins Gesicht zu blicken.

Da erhebe ich meine Augen zu Dir,
Du wendest Deine Augen
nicht von uns ab.

Seit Ewigkeit schaust Du uns an,
ruhig wie am siebten Tag der Schöpfung,
mitten in der Hast unserer Städte.

Unsere Leere schreit nach Deiner Fülle

Komm, Heiliger Geist,
in unsere Städte,
in unsere Häuser,
in unsere Familien,
in unsere Augen,
in unsere Herzen.

Ohne Dich lesen wir Bücher
und werden nicht weise,
ohne Dich reden wir lange
und werden nicht eins.
Ohne Dich sehn wir nur Fälle,
Zahlen und Fakten.

Ohne Dich zerfällt unser Leben
in eine Reihe von sinnlosen Tagen.
Ohne Dich werden wir treulos.
Ohne Dich endet unser Denken im Wahnsinn.
Ohne Dich zerstört uns die Technik.
Ohne Dich werden die Kirchen Museen.
Ohne Dich wird das Beten Geschwätz.

Ohne Dich wird unser Lächeln erstarren.
Ohne Dich wird unsere Umwelt verwüstet.

Komm, Heiliger Geist,
unsere Leere schreit nach Deiner Fülle!
Komm, Schöpfer Geist!
Mach die Welt zur Wohnung für Dich!

Du hast keinen vollendet erschaffen

Du hast keinen vollendet erschaffen.
Schritt für Schritt werden wir Menschen.
Du fehlst uns so oft,
daher machen wir Fehler!
Wir lieben einander zu wenig.
Wir wagen nicht,
an Dein Dasein zu glauben.

Kaum entdecken wir Dich
in den Sternstunden des Lebens,
laufen wir von innen nach außen.
Du bist leise geworden,
wir sind zu laut.
Du drängst uns nicht.
Ab und zu lässt Du uns wissen
durch Zeichen und Bilder,
durch Blicke der Kinder,
durch Gesänge und Gesten,
durch Glück und durch Unglück:
Wir sind stets am Anfang des Lebens.
Wir fragen und weinen uns
durch die Tage des Lebens,
bis wir so nehmen und geben können,
wie es Kinder tun,
bis der Stolz in uns
sich in wortlose Anbetung wandelt,
bis unser Grübeln und Denken
in ein einziges Kyrie mündet,
bis wir nach so vielen Irrwegen
in einem fort stammeln:
Du weißt alles, o Gott,
Du weißt, wie sehr wir Dich suchen,
wie sehr wir Dich brauchen,
um lieben, um leben zu können.

Ziel meines Wartens

So schreie ich, Herr, zu Dir!
Ich spreche: Du bist das Ziel meines Wartens,
mein Erbteil in der Lebendigen Land.

Psalm 142,6

Ich habe lange auf Reichtum gewartet.
Heute habe ich Geld
und kämpfe mit der Langeweile der Satten.

Ich habe lange auf Titel gewartet.
Heute bin ich geehrt
und merke, wie wenig das zählt.

Ich habe auf Menschen gewartet,
lange und schmerzlich.
Heute bin ich umgeben von Menschen
und merke, wie Menschen mich ausnützen können.

Ich habe auf Vorletztes gewartet.
Ich bin vorsichtig geworden.
Ich prüfe die Propheten,
die mir Verheißungen bringen.
Was bringen sie wirklich?
Belastung, Befreiung?

Ich habe auf das Vorletzte gewartet.
Heute weiß ich:
Du bist das Ziel unseres Wartens!

Warum?

Kain hat den Abel Millionen Mal erschlagen,
und ich hoffe, dass Kain sich ändert.
Judas verrät Jesus tausendmal,
und ich hoffe auf die Bekehrung des Judas.

Warum bete ich,
wo ich zugeben muss,
wie sehr es auf mich ankommt?
Warum lache ich,
wo viele nichts zu lachen haben?
Warum sag ich nach der zehnten Enttäuschung:
Es hat einen Sinn!
Warum sich nicht anpassen,
wo das Heulen mit den Wölfen
zur Selbsterhaltung gehört?
Warum nicht Böses mit Bösem vergelten,
wo die Güte ausgenützt wird?
Warum vertrau ich auf Gott,
wo ich ihn nicht sehe?
Warum glaub ich an die Auferstehung der Toten,
wo ich vor den Gräbern der Toten stehe?
Warum?

Martyrium heute

Den wahren Geschmack des Wassers
erkennt man in der Wüste,
sagt ein jüdisches Sprichwort.

In einer Gesellschaft
der Schwätzer
und Zyniker
hungere ich nach einem Wort,
das aus der Tiefe aufsteigt,
nach einem Wort,
das Hoffnung schenkt,
nach einem Wort,
das aus der Liebe Christi kommt.
In einer Gesellschaft,
die nur lästert,
alles zynisch beurteilt
und so vieles belächelt,
schreie ich wortlos
nach Gott!

Fürchte dich nicht!

Fürchte dich nicht, sagt Gott,
ich bin bei dir,
der dich schuf aus dem Nichts,
der dich birgt in seiner Nähe,
der dich ruft in sein Haus,
der dich führt in sein Reich.

Fürchte dich nicht,
ich bin bei dir!
Und müsstest du gehen
durch das Dunkel der Nacht,
durch weglose Wüste,
durch verzehrendes Feuer,
durch beißende Kälte.

Fürchte dich nicht,
ich bin bei dir!
Und müsstest du schauen
ins zerfallende Antlitz,
in traurige Augen,
in die Tiefen der Seele,
in den Abgrund der Welt.

Fürchte dich nicht,
ich bin bei dir!

Ohne Umwege

Von Blick zu Blick,
von Hand zu Hand,
von Mensch zu Mensch.
Von mir zu dir:
Gibt es einen kürzeren Weg
zu Dir, o Gott?

Religiös sein

Religiös
heißt nicht
unklug,
engstirnig,
eitel,
ängstlich,
antriebslos,
feige,
fortschrittsfeindlich,
gönnerhaft,
selbstgerecht,
makellos,
rührselig,
harmlos,
einfallslos,
erstarrt.

Religiös denkt,
wer gründlich denkt.
Wer bis zum Grund
zu denken wagt,
wird Gott
entdecken können.

Aus der Tiefe

Aus der Tiefe rufe ich zu Dir, o Herr!
Psalm 130,1

Je tiefer ich sinke,
desto stärker denke ich an Dich
in der Höhe, o Gott!

Aus der Langeweile
einer einflussreichen Runde,
aus den einfallslosen
Stunden einer Sitzung,
aus dem Zwiespalt
von Leib und Seele,
aus der Qual der Wahl,
aus der Abhängigkeit
von Geld und Menschen
ruf ich zu Dir, o Herr!

Zieh Deine Hand nicht zurück,
ich falle ins Nichts!
Ich brauche Dich
wie den Boden
unter den Füßen.

„Suchet zuerst das Reich Gottes!“

Suchet zuerst das Ewige,
nicht das Vergängliche!

Suchet zuerst die Quelle,
nicht das Wasser!

Suchet zuerst Gott!
Ihr werdet sicher sein.

Suchet zuerst Gott!
Er wird euch beraten.

Suchet zuerst Gott!
Ihr werdet euch von selbst entfalten.

Suchet zuerst Gott
und ihr werdet trotz aller Fremde
stets in Gott zu Hause sein.

Suchet zuerst Gott
und es wird sich alles
zu eurem Besten fügen.

Suchet zuerst Gott
und ihr werdet euch finden.

Suchet zuerst Gott
und ihr werdet auf den Grund kommen.

Suchet zuerst das Innen,
nicht das Außen!
Von innen kommt die Kraft,
nicht von außen!

Wo bist Du zu finden?

In der Nähe eines Sterbenden,
der bewusst in die Ewigkeit geht;
im Anblick zweier Menschen,
die schon fünfzig Jahre
für einander da sind;
im Blick der schwangeren Frau,
die hoffnungsvoll von ihrem Kind spricht;
im Lächeln der Menschen,
die unverdrossen anderen dienen,
erkenne ich die Wirklichkeit
einer anderen Welt.

Auf der Suche nach Ihm

I.
Die Rede von Gott
hat sich in den Verstand verirrt.
Die Wortreihen entlang
fragt der suchende Mensch:
„Was ist mit meinem Gott geschehen?
Ich finde ihn nicht."
Jede Antwort weckt eine neue Frage.

Gott kehrt überraschend zurück
zum Herzen des Beters:
nicht als logische Folge
von tausend Gedanken,
sondern als befreiendes Du,
als Zuhause,
das Himmel und Erde umfasst.

II.
Wenn Gott uns auf die Welt kommen lässt,
wachsen wir langsam.
Wir werden erzogen, geführt, gebildet.
Wir lösen uns vom Ufer der Kindheit
und treiben hinaus aufs weite Meer
der Gedanken und Gefühle.
Wir möchten selbstständig werden,
Traditionen zerbrechen,
wir halten das Ruder fest in den Händen.
Wir sind von unserer Bedeutung tief überzeugt.
Eine notwendige Tat, um uns selbst zu erproben!
Wenn Gott uns weiterführt vom Ich zum Du,
vom Du zum Wir, vom Wir zum ewigen Du,
dann werden wir heiter und gelöst sein.

III.
Wenn Gott uns wegschleppen lässt
aus Jerusalem nach Babylon,
aus der Stadt des Friedens
in den Lärm der Zweifel und Fragen,
aus der Einheit in die Zerrissenheit,
das wird ein Schmerz sein!
Wenn Gott uns in die Wüste jagt,
da wird eine Sehnsucht entstehen
nach den Tagen der Freundschaft mit Gott.
Wenn Gott unsere steinernen Gesetzestafeln
wie Moses zerbricht,
dann haben wir keine sicheren Maßstäbe mehr.
Wenn nichts mehr gesichert ist
und die Kirche nicht einer Burg,
sondern einer Ruine gleicht,

das wird ein Erwachen sein!
Wenn Gott die uralten Formeln
zu nichts sagenden Worthülsen schrumpfen lässt;
wenn Gott uns anschaut
in der Gestalt des gemarterten Jesus am Kreuz;
wenn Gott sich zurückzieht oder verbirgt,
wenn Gott uns in die Hölle verschleppt,
das lässt uns erzittern und schreien.
Doch Gott führt in die Fremde
und wieder nach Haus.
Wenn Gott uns nach all dem ruft,
wird unser Glaube stärker sein.
Was gestern noch trockener Lehrsatz war,
ist morgen ein Teil von uns,
ist erfahren, erlitten, erhofft.

IV.
Wenn Gott unsere Dinge zu ordnen beginnt
und wir auf ihn zu horchen anfangen,
wenn Gott uns das Steuer
sanft aus der Hand nimmt,
mit dem wir das Schiff in die Eisberge trieben,
das wird ein Aufatmen sein!
Wenn Gott ohne Donner und Blitz
uns leise am Abend
eines erfolgreichen Tages zuflüstert:
„Nicht dein, mein Name werde genannt!" –
das wird ein neues Denken ergeben.

V.
Wenn Gott uns bekehrt
von einer Religion der Angst
zu einer Religion des Vertrauens,
da wird sich ein neues Gefühl
von Gott ausbreiten.
Denn Gott sagt:
„Ich habe kein Wohlgefallen
an Menschen, die sich abtöten.
Ich mag nicht, wenn Menschen
wie zerknüllte Papiere vor mir liegen.
Ich mag nicht, wenn Priester
die Kirchenbesucher
mit Drohpredigten einschüchtern.
Ich bin ein Gott, der sein Volk
aus dem Land der Knechtschaft
herausgeführt hat.
Ich will freie Söhne und freie Töchter
und nicht zitternde Sklaven.
Ich will ein freies Gegenüber,
ein freies Du, das mir vertraut
auf Grund der Erfahrung.
Ich will nicht durch Angst erpresste Gebete.
Ich möchte das freie, vertrauende Ja."
Dann wird eine neue Gemeinschaft
mit Gott beginnen.

Der Weg zu Gott

Die Algen
sind mühelos zu erreichen.
Wer Perlen sucht,
muss tiefer tauchen.

Wer Gott finden will,
muss in die Stille gehen.

Und das Wort ist Fleisch geworden

Ich habe eine Hand berührt,
eine Hand aus Fleisch und Blut.

In dieser Hand lag eine andere Hand.
Sie kam von weiter her
als von meinem Gegenüber.

Geblieben ist die Hand,
die nicht berührt,
doch fester hält
als jede Hand von Fleisch und Blut.

In dem Gesicht sah ich ein anderes Gesicht.
Es kam von weiter her
als von meinem Gegenüber.

Geblieben ist der Blick,
der vor mir weiter wandert
wie der Stern von Betlehem.

Gott

Marathonläufe
um das eine Thema –
GOTT!
Worte, Sätze,
Grenze der Sprache!
Begriffe –
was wollen wir ergreifen?
Die Ergriffenen werden verstehen
und schweigen.

Wir möchten alles einordnen können
in oben und unten,
gescheit und dumm,
Zeit und Ewigkeit,
Diesseits und Jenseits.
Gott entzieht sich
den Grenzziehern.
Er ist nicht festzunageln.
Denn der angenagelte Gott
ist auferstanden
und lässt sich nicht mehr
ans Kreuz schlagen!

Sich ergeben

Wohin willst du gehen,
wenn alle Wege zu Ende gegangen sind
und der Verstand heiß gelaufen ist?
Wenn du wahrnimmst,
dass du auf der Stelle trittst?
Wohin willst du gehen?

Wer täuscht dich nicht?
Wer bürgt dir,
dass der Weg nicht wieder
in die Irre führt?

Erkenne,
dass du ein Werkzeug bist!
Gib willig dich in Seine Hand!
Er wird dich brauchen können.

Zu Dir können wir kommen

O Gott, zu Dir können wir kommen,
zu Dir, großer Gott, ewiger Gott,
Vater, Mutter, Bruder, Schwester,
alles in einem!
O Gott, der Zeit hat für uns,
wie niemand für uns Zeit hat,
der gesammelt ist,
wie keiner gesammelt ist.
Du wartest,
Du bist unsere Gegenwart,
Du wartest uns gegenüber.

Wir können zu Dir kommen.
wie immer wir sind:
gierig, rachsüchtig, übersättigt,
angeekelt, gottlos, versoffen.
Du wartest,
in jeder Hafenkneipe, in jeder Bar,
in Luxusvillen und in Kellerlöchern.
Du wartest auf uns
hinter jedem Volant,
Du im Tabernakel,
Du draußen auf dem Meer,
Du im Hochhaus.
Du hältst Dich an kein Protokoll,
Du durchbrichst unsere seelischen Sperren
mit einem Blick, mit einem Wort.
Du wendest Dich nicht ab.
Hilflos sind wir, hilflos,
wir schreien aus der Kammer unseres Herzens,
aus dem Verlies unserer Seele.

Unendlich großer Gott,
Du führst uns aus der Sklaverei,
aus der Abhängigkeit
in die Freiheit der Kinder Gottes,
aus der Wüste in die Oase,
aus der Gefangenschaft der Schablonen
ins schöpferische Denken.
O unwahrscheinlicher,
unendlicher,
ewiger Gott!

In einer Hand

Beim Anblick meiner Hand
denk ich an Dein Wort:
„Ich habe deinen Namen
in meine Hand geschrieben!“

In Deiner Hand liegt alles.
Vier Milliarden Menschen.
In einer Hand.
Milliarden von Milchstraßen,
von Planeten und Sonnen.

Wohin wir auch irren,
wohin wir auch laufen,
wir Söhne und Töchter der Erde,
glückliche, unglückliche Hiobs
alle zusammen,
wir stürzen in Deine offenen Hände.

Mit meinem Gott

Mit meinem Gott
spring ich über die Mauern.
Psalm 18,30

Mit meinem Gott durchstoß ich die Wände
zwischen den Menschen
und baue ich Brücken zwischen den Feinden.
Mit meinem Gott kämpf ich allein
gegen eine geschlossene Front
und siege als David gegen Goliat.

Mit meinem Gott trag ich das Kreuz
trotz tausendmal Fallen auf Golgota.
Mit meinem Gott schau ich demTod
ohne Hass ins Gesicht
und lache und tanze.
Denn der Tod hat seine Tragik verloren.
Er ist nicht mehr das Letzte.
Das Letzte ist Er, mein Gott,
mit seinen unendlichen Räumen.
So bring ich mit meinem Gott
eine Welt der Töne und Farben,
der Worte und Gesten,
der Sonnen und Monde,
der Blumen und Menschen
in Schwingung,
bis alles sich dreht um den Einen,
der ist, der da war und der kommt.
Halleluja, Halleluja!

Gebet der Heimkehr

Um einige Verwundungen reicher,
um einige Entdeckungen weiter
kehr ich zurück zu Dir.
Ich habe im Geflüster der Stimmen
Dein Wort zu hören begonnen.

Gescheite Gedanken genügen nicht.
Wir brauchen Gespräche mit Gott.
Vieles klärt sich im Gebet.
Da wird der Gegensatz zur Ergänzung.

Feindschaft verwandelt sich in Verständnis.
Die äußere Not bleibt,
doch im Innern spürst du:
Einer trägt mit!

Gezähmte Beter

Wie haben Menschen
doch früher gebetet!
Ich lese im Psalm 77:
„Ich rufe zum Herrn,
ja, ich schreie zu ihm!
Des Nachts erhebe ich meine Hände,
meine Seele will sich nicht trösten lassen!"
Im Buch Judit heißt es:
„Und das ganze Volk
fiel auf sein Angesicht
und schrie um Hilfe."
Denn sie waren eingeschlossen.
Die Assyrer hatten die Brunnen besetzt,
die Zisternen waren leer,
weit und breit keine Wolke, kein Wasser!
Sie konnten die Tage zählen,
bis die letzten verdurstet sein
und die Israeliten tot
in die Hände der Assyrer fallen würden.
Da schrien sie zum Herrn
und sie wurden gerettet.

Und wie ist unser Gebet?
Wir brauchen Gebetbücher,
Vorlagen und Formeln!

Was beten wir?
Wie beten wir?
Rufen und schreien wir zu Gott?
Wir haben Regeln entwickelt,
wie, wann und was gesagt werden darf!
Was schnürt uns die Kehle zu?
Wer nimmt uns die Möglichkeit,
unseren Zorn, unsere Verbitterung,
unseren Ärger auch über Menschen
und über das Nichteingreifen Gottes
auszudrücken?
Wir schreien nicht,
wir sagen unsere Gebete auf!

Wir brauchen vor Gott
nichts zu verdrängen!
Vor Ihm können wir sein
was wir sind:
Weinende,
Verzweifelte,
Klagende,
Tobende,
Lachende,
Feiernde,
Singende,
Tanzende!

Warum wollen wir vor Gott
bestimmte Seiten unseres Wesens
verbergen?
Er will im Gebet
lebendigen Menschen,
nicht Mumien begegnen.

Lass mich in Deine Hände fallen

Vater, ich falle in Deine Hände!
Ich falle ins Nichts
und erfahre die Fülle.

Ich falle in Deine Hände!
Sie sind weit wie das Meer,
weit wie das All!
Deine Hände sind mein Zuhause.
Ein Daheim,
das die Mauern nicht kennt.
Niemand kann mich verstoßen
aus der Heimat Deiner Hände!
Und stirbt ein Mensch,
den ich liebte,
sinkt er in Deine Hände
und ist geborgen in Dir.

Ich wollte schon immer mit Dir reden

O Gott,
ich wollte schon immer mit Dir reden,
ich wollte beten, mit eigenen Worten,
mit den Worten anderer, beten mit Formeln,
Gebete aufsagen.
Ich wollte etwas leisten vor Dir,
denn ich habe keine Geduld,
so lange zu hören,
und Du brauchst oft so lange,
bis Du Dich aussprichst in mir,
bis Du ankommst mit Deiner Stimme.

Vielleicht ist es,
weil ich so weit weg bin
und so verstrickt in meine Sorgen.
Bis sie abklingen, meine Gedanken,
bis sie sich langsam zurückziehen,
braucht es lange
und da fehlt mir die Geduld.

O Gott,
es fehlt mir die Geduld, mich aufzutun.
Doch ab und zu hast Du mich überrascht.
Ich bin einfach da gesessen
und hatte keine Lust zum Reden,
ich war einfach offen.
Ich war einfach nur da
und Du warst auch da,
und ich tat nichts, gar nichts,
ich wartete nur.
Da erfuhr ich, wie schön es ist,
wenn Du bist.
Ich hatte es vorher nicht erfahren,
solange ich nicht begriffen hatte,
was Beten ist.
Beten ist nicht Worte machen,
Beten ist stilles Lieben
und sich lieben lassen.
Beten ist hören und spüren,
dass Du nahe bist, o Gott!

Christuswärts

Die Sorgen und dunklen Gedanken
haben einen Drang,
sich auszubreiten in der Seele.
Denke christuswärts!
Denke an den, der geheilt hat!
Denke an den, der Aussätzige rein gemacht hat
und Sünder und Zöllner verwandeln konnte!
Denke christuswärts!
Denke an den einen, der die Brote vermehrt
und beim Abendmahl sich selbst geschenkt hat!
Denke christuswärts!
Er ist bei dir!

Denke christuswärts!
Frag ihn bis zu den kleinsten Dingen des Alltags.
Er kann dir eine Lösung zeigen,
ungewohnt und überraschend.
Millionen Menschen bezeugen dies.
Denke christuswärts
und bleib nicht im Dickicht
deiner Fragen stecken!
Denke christuswärts!
Fang an zu beten:
„Herr Jesus Christus,
Sohn des lebendigen Gottes,
erbarme Dich meiner!“
Denke christuswärts!
Bete das Herzensgebet oft und oft,
und der Nebel,
der auf dein Bewusstsein drückt,
wird sich auflösen.

Ich bete Dich an

Ich werde, ich wachse,
Du gehst mir voran.
Ich bete Dich an
mit den Blumen im Frühling,
mit den Weiten der Meere,
mit dem Schrei eines Kindes,
mit dem Seufzer der Alten,
mit der Wunde der Denker,
mit dem Schmerz der Einsamen,
mit der Weisheit der Reifen.
Wie sehr ich Dich finde,
wie sehr ich Dich ahne,
Du ziehst vor mir weiter.
Im Blick auf unendliche Weiten
schaff ich die Farben,
die Worte und Töne,
bis Du mich heimbringst
in Dein ewiges Du!

V. Von Mensch zu Mensch

Liebe deinen Nächsten, der nach dir kommt!

Was für eine Welt
lassen wir den Nächsten
hinter uns zurück:
Schlacken?
Verseuchte Gewässer?
Ausgelaugte Böden?
Eine Welt ohne Nahrungsreserven?

Eine Welt von feindlichen Völkern,
von friedlosen Reichen
und empörten Armen?

Eine Welt der versteckten
und offenen Gewalt?

Eine Welt der Neurosen
und Ängste?

Eine Welt mit absurden Bildern,
Zeichen und Tönen?

Eine Welt ohne Stille
und ohne Gebet?

Eine Welt voll ratloser Menschen?

Was haben wir aus der Erde
wirklich gemacht?

Wenn Gott unsere Liebe prüft

Wenn ich alle Sprachen
der Menschen verstünde,
doch nicht lieben könnte,
wozu wäre ich da?
Wenn ich alle Menschen durchschaute
und nicht lieben könnte,
wäre ich mehr als Stein?
Wenn ich für Arme in aller Welt
spendete und zahlte,
aber nicht lieben könnte,
was würde aus mir?
Wenn ich Erfolg hätte,
Auszeichnungen häufte,
könnte aber nicht lieben,
würd' ich nicht selig.
Wenn ich für meinen Glauben
lautstark einstünde,
daheim oder am Arbeitsplatz,
aber nicht lieben könnte,
dann wäre mein Glaube fanatisch.

Die Liebe ist stark,
sie hat einen langen Atem.
Die Liebe wird nicht bitter
durch dunkle Erfahrung.
Sie reift im Schmerz
und erhält ihre Stärke.
Sie lässt sich nicht durch böses Gerede
abbringen vom Guten.
Sie gibt Täuschungen auf
und dringt tiefer ins Wesen hinein.

Die Liebe stammt aus einer anderen Welt
und wird für diese Welt geschenkt.
Nur die Liebe, die aus Gott kommt,
wird alles tragen, verwandeln,
heimholen können.

Selig, die ihr Herz offen halten

Selig, die ihr Herz offen halten
als Raststätte für Gepeinigte
und für Selbstsichere,
für Spötter und für Beter,
für Verzweifelte und für Starke.
Selig, die Spannungen aushalten,
die sich nicht mit Schwarzweißmalerei
begnügen.
Selig, die sich um Gemeinsamkeit
von Wissen und Glauben bemühen.
Selig, die eine Brücke bauen
zwischen den Religionen.
Selig, die Kulte und Riten
mit Leben erfüllen.
Selig, die es wagen,
frei mit Gott zu reden.
Selig, ja selig die Ausgelaugten,
die Leeren, die von Gott
erfüllt werden können.
Selig, die nach Worten ringen
und keine bequemen Lösungen
anbieten können.

Selig, die erkennen,
dass es nichts gibt,
was nicht zwei- oder mehrfach
gedeutet werden kann.

Selig, die in keiner Ideologie
daheim sind,
denn diesen Heimatlosen
gehört das Reich Gottes!

Wie viel gibst du her von dir?

Wie viel gibst du her von dir,
wenn du mit Menschen sprichst?

Steck dein Maßband ein!
Hör auf zu grübeln!
Sonst wirst du dich krank denken
und zum Krüppel forschen,
wenn du das Geheimnis der Liebe,
das Geheimnis der Schöpfung
auf diesem Weg erfahren willst.
Geh zu jenen Menschen,
die einander Jahrzehnte lang
in der Ehe gedient haben!
Frage Menschen,
die auf vieles verzichtet haben,
um durch ihre liebende Ausstrahlung
anderen eine Heimat zu geben!
Frage die Menschen,
die nicht viel über Gott reden können!

Frage die Stillen,
deren Gesicht deutlich sagt:
„Gott ist meine Kraft,
Gott ist meine Hilfe!“
Setze dich zu jenen,
die dich brauchen,
und du wirst plötzlich erfahren,
wer der ist,
der Millionen gestärkt hat!
Du wirst staunen
und aufhören zu fragen.

Geben lernen

Ein reicher Mann hatte
schöne Frauen,
schnelle Autos,
große Häuser.

Als man bei der
Caritassammlung
an seine Tür klopfte,
ging er zum Nachbarn
Kleingeld holen.

Als man ihn zu Grabe trug,
nahm er nichts mit –
nur den Schmerz,
auf der Erde nichts gelernt zu haben.

Brot des Lebens

Viele strecken ihre Hände
nach dem Brot des Lebens aus.
Wenn ein Freund sie enttäuscht,
ziehen viele ihre Hand zurück.

Viele strecken ihre Hände
nach dem Brot des Lebens aus.
Wenn einer am Boden liegt,
zerstört und verlassen,
der das Brot des Lebens braucht,
ziehen viele ihre Hand zurück.

Allein geblieben

Hände tasten
nach Menschen.
Die einen finden,
die anderen nicht.

Viele Hände
sind besetzt.
Viele haben keine Hand
zum Geben frei.

Die Hand,
allein geblieben,
verkümmert
oder wird zur Faust,
wenn nicht der Ungreifbare
die leere Hand ergreift
und sie zum Geben
offen hält.

Sie wohnen abgedichtet

Sie lassen die Welt nicht ein.
Sie nennen
die Informationen übertrieben,
die Bilder geschmacklos.
Sie wehren sich
gegen die Direktübertragung
des globalen Elends.
Auf ihren Türen steht:
„Betteln und Hausieren verboten!“

Sie lassen die Welt nicht ein.
Es ist leicht,
glücklich zu sein,
wenn man andere
hinaussperrt:
die Schwangere, die nicht weiß,
wohin mit dem unehelichen Kind;
den Strafentlassenen,
der keine Arbeit findet;
den Gastarbeiter,
auf den niemand wartet;
den Lebensmüden,
mit dem es mühsam ist
zu reden.
Sie lassen die Welt nicht ein.
Sie wohnen abgedichtet.

Einsamkeit im Hochhaus

Man sitzt
vor dem Fernsehschirm.
Der Film
saugt die Gespräche weg.

Einer hat abgeschaltet.
Er sieht alles schwarz!
Er findet keinen Anschluss.
Er wird sich seiner Not bewusst.

In hundert Räumen sieht man fern.
Den Nächsten sieht man leider nicht.

Im zehnten Stockwerk
wartet einer.
Keiner kommt.
Er verzweifelt
und nimmt sich selbst
das Leben.

Als man ihn nach Tagen
tot in seiner Wohnung findet,
sagen viele:
„Schade um den netten Menschen!
Wir wussten leider nichts von ihm."
Andere wieder meinen:
„Mir kann das nicht passieren!"

Der Tote aber schweigt.

Aneinander vorbei

Sie stritten lange
um Kleinigkeiten.
Sie warfen einander
Schwerwiegendes vor.
Sie hörten einander nicht.
Sie spürten einander nicht.
Sie kämpften stur um ihr Recht.
Sie gerieten ganz außer sich.

Es brauchte lange,
bis sie zu sich selbst
heimkehrten.
Dort angekommen, merkten sie:
sie hatten sich selbst verlassen.

Sie waren aneinander vorbei gegangen,
sie waren einander ausgewichen,
sie hatten einander nicht treffen können.
Es hatte sich Schatten
mit Schatten gezankt.

Nicht vom Brot allein

Nicht vom Brot allein
lebt der Mensch.
Nicht vom Körper allein,
nicht von der Seele allein,
nicht von der Gnade allein,
nicht von der Natur allein,
nicht von der Bibel allein,

nicht von der Zeitung allein,
nicht von der Kirche allein,
nicht vom Fortschritt allein,
nicht von der Tradition allein,
nicht vom Geist allein,
nicht von der Mystik allein,
nicht von den Fakten allein,
nicht von der Materie allein,
nicht vom Menschen allein
lebt der Mensch.

Nicht von sich allein
lebt der Mensch,
sondern von jedem Wort,
das ihm zukommt.

Nicht von sich allein
lebt der Mensch,
sondern von jeder Hand,
die ihm gereicht wird.

Nicht von sich allein
lebt der Mensch,
sondern von jedem Engel,
der ihm begegnet.

Wann lernen wir?

Es ist schwer,
in einer Gesellschaft
zu leben,
wo die einen das Gras
wachsen hören

und die anderen
die Schreie des Nächsten
jahrelang überhören.
Wann lernen wir,
in allen Bereichen
einander wahrzunehmen?
Wann lernen wir,
auf die vielen Töne
zu achten,
die im Wort des Nächsten
mitschwingen?
Liebe beginnt mit dem Mut,
zu sehen, zu hören, zu fühlen!

EIGENNUTZ

Einen Menschen abgöttisch lieben,
seine Persönlichkeit aufsaugen,
ihn für die eigene Macht missbrauchen,
ihn wie einen Schatz besitzen,
ihn verwöhnen mit Güte,
ihm das wahre Leben vorenthalten,
ihn vor allen Härten bewahren,
ihm keinen Freiheitsraum lassen,
ihn abhängig machen,
ihn zu Tode lieben,
ihn zum Gott machen,
ihn kindisch erhalten,
ihn zum Krüppel lieben,
ihn abtreiben
nach der Geburt.

Ein Mensch vor mir

Da liegt ein Mensch vor mir,
zusammengerollt wie eine Buchrolle,
ein Bündel, eine Lebensgeschichte,
ein in Lumpen gehüllter Leib,
eine in Lumpen gehüllte Seele.
Ein Mensch auf der Straße,
kein Freund, kein Feind,
ein Obdachloser,
zum Darübersteigen.

Da ist ein Mensch,
der schläft vor mir auf der Straße,
ohne Heimat, ohne Freunde,
und schläft so ruhig,
ruht in seinem guten Gewissen,
ruht in Gott.

Mensch, du tust mir Leid

„Mensch, du tust mir Leid“,
sagte die Rose zum Zweifler und Grübler.
„Was ist mit dir?
Schon tagelang steh ich vor dir
auf deinem Schreibtisch!
Du siehst mich nicht,
bestaunst mich nicht,
atmest nicht meinen Duft!
Du liest und grübelst
tagaus, tagein über Fragen,
die dich zermürben:
Warum? Wieso? Warum? Wieso?

Hör auf meine stille Botschaft!
Du bist da, du bist für jemand da!
Such die Menschen,
für die du wichtig bist!
Such die Dinge,
die dich brauchen!
Sei gut zu ihnen,
sei gut zu Dingen und Menschen!
Du bist für jemand da!
Niemand ist für sich allein geschaffen.
Jeder ist für andere da!
Hör auf meine stille Botschaft:
Lass das Grübeln!
Überwinde dich und tu etwas,
was dem anderen wohl tut,
was ihm hilft!
Liebe!"

So oder so

„Es ist nicht leicht,
ein Mensch zu sein",
sagte einer,
der viel erfahren hatte.
Er ging mit mir
durch die Straßen einer Großstadt.
Es war Nacht.
Vor uns tauchte
ein junger Mann auf.
Ein Betrunkener!
Er torkelte und fiel hin.

„Lassen wir ihn liegen,
sonst haben wir nur Schwierigkeiten“,
flüsterte mein Begleiter.

Es ist nicht leicht,
ein Mensch zu sein:
ein Mensch, der da liegt –
ein Mensch, der vorübergeht –
ein Mensch, der stehen bleibt.

O Gott, lass mich aufstehen

O Gott, lass mich aufstehen,
wo über andere geurteilt wird,
als ob man den anderen kennte,
als ob man in der Haut des anderen
stecken könnte.
O Gott, lass mich mutig sein
und Worte sagen, die aufhorchen lassen,
wo man Menschen ohne Messer tötet,
sanft und leise.
O Gott, mach mich mutig!
O Gott, lass mich nicht am falschen Ort
barmherzig sein.
Lass mich dort warnen, wo man
Gewinnsucht und Gottesverehrung
vermischt.
Lass mich Widerstand leisten
gegen alles Scheinheilige,
das sich als heilig ausgibt.

Lass mich in Deinem Namen
Freiheit bringen,
wo Menschen einander versklaven,
wo Menschen Dich und Deine Würde
im Menschen verletzen.

Bin nur eine Adresse

Bin nur eine Adresse,
auf ein Blatt Papier geschrieben.
Bin einer, der fremd ist
in diesem Land.
Man hat mich geholt,
weil man meine Arbeit braucht,
nur meine Arbeit, sonst nichts.
Niemand freut sich,
wenn ich in ein Gasthaus komme.
Die Leute schauen weg,
wenn ich mit ihnen reden will.
Im Zug setzt sich keiner zu mir.
Niemand dankt, wenn ich grüße.
Niemand lächelt, wenn ich etwas frage.
In diesem Land werde ich bloß gebraucht.

Konkret gefragt

Man trat
für die unterentwickelten Völker ein.
Man sprach
von notwendigen sozialen Reformen.
Man forderte
Maßnahmen und Gesetzesnovellen.
Man betonte
die Einheit im Grundsätzlichen.
Man war sich
über die Verpflichtung zur Menschlichkeit im Klaren.
Man verweilte
mit Genuss beim Allgemeinen.

Als einer konkret fragte,
wer
denn jetzt bereit sei und
wofür
er sich einsetzen lasse,
entschuldigte sich einer nach dem andern:
So war es nicht gemeint.

Inserat

Ein Mensch wird gesucht,
einer unter drei Milliarden:
Größe und Aussehen unwichtig,
Bankkonto und Wagentype nebensächlich.
Geboten wird
eine interessante Tätigkeit.

Gefordert wird
unmenschlich viel:
Mehr hören
als reden,
mehr verstehen
als richten,
mehr helfen
als klagen.
Ein Mensch wird gesucht.
Für Dankbarkeit
wird keine Garantie übernommen.
Sollten Sie
sich der Arbeit gewachsen fühlen,
melden Sie sich bitte
so bald wie möglich
beim Nächstbesten!

Er hatte alles

Er hatte alles.
Er hatte schnelle Autos,
schöne Frauen,
reiche Freunde,
große Villen.
Man grüßte ihn zuerst.
Man respektierte ihn überall.
Man wurde in seiner Nähe
unterwürfig.
Er hatte alles,
wovon andere nur träumen,
außer einem: Liebe.

Als Aszet

Als Aszet
unterdrückte er alles:
seinen Ärger,
sein Weinen,
sein Lachen,
seine Triebe,
seine Bedürfnisse,
seine Sehnsucht,
seine Ängste,
seine Zweifel,
seine Zärtlichkeit.

Als Aszet
unterdrückte er alles:
sich selbst
und die Menschen um ihn.

Herbergsuche

Ich gehe mit dem staatenlosen Gastarbeiter
zur Fremdenpolizei.
Ich habe eine gesicherte Heimat,
er hat ein gesichertes Nichts.
Die Blicke der Beamten,
die Grenzen der Barmherzigkeit,
Bürokratie und Gnade.
Die Versuchung zur Güte
und die Versuchung zur Härte
begegnen einander.
Er zittert für sich, ich zittere für ihn.

Ausgesetzt sein, warten,
unsicher werden, zweifeln.
Wozu sich für ihn einsetzen,
wo er eines Tages doch wieder zurück muss,
wohin er nicht will?
Weil ich mit seiner Vebitterung
nicht zu Rande komme.
Ich schaue in seine hoffnungsvollen Augen
und feilsche mit dem Beamten
um ein paar Monate Aufenthalt.
Ein paar Monate wieder Ruhe haben,
ein bisschen Glück für einen
von vier Milliarden Menschen.

Drei Dinge

„Drei Dinge bewahren dich
vor dem Sprung in den Schnellzug",
sagte der Mann, der von seinem
Selbstmordversuch zurückkehrte.
„Kreuz, Anker und Herz."
Anders gesagt:
Glaube, Hoffnung und Liebe.

Ich hatte vorher keine Kraft,
ihn von seinem Entschluss abzubringen.
Ich hatte nur eine Hoffnung:
Wo ich müde bin,
ist ein Anderer stark.

Meine Worte überzeugten ihn nicht.
Aber meine Gebete hatten bereits
das Sprungtuch ausgebreitet.

Die Spende

Jemand stolpert in mein Zimmer,
eine Frau, die halb blind ist,
kaum dreißig.
Sie legt einen hohen Geldbetrag auf den Tisch.
Für die Einsamen.
„Keine Angst“, sagt sie,
„ich habe mich nicht geirrt,
ich habe nicht falsch gezählt.“

Sie erzählt,
dass die Dunkelheit für sie dichter wird.
Trotzdem strahlt sie über das ganze Gesicht.
Und das alles an einem Tag, wo ich sagte:
„Es wird mir alles zu viel ...“

Ihre Blicke sind Fragen

O Herr,
ich schaue in den Kirchenraum
und sehe viele Menschen:
Suchende, Leidende, Friedlose.
Ab und zu ein gelassenes Gesicht.
Viele fragende Blicke:
Was hast du uns zu sagen?
Ist das echt?
Stehst du dahinter?
Was hast du selber gelitten?
Was hast du selber bewältigt?
Was macht dir Angst?
Fühlst du dich einsam?
Wie sehr bist du überzeugt

von deiner Botschaft?
Was kostet dich deine Botschaft?

Herr, ich schaue in viele Gesichter.
Sie fordern mich auf,
ehrlich zu sein.
Was tu ich für sie?
Verstärke ich ihre Illusionen?
Zeige ich ihnen einen Weg,
der zum Ziel führt?
Lass ich sie weiter
ihre Götzen anbeten?

O Herr, ich weiß,
wie sehr die Propheten gelitten haben.
Menschen wollen eine Botschaft,
die ihnen wohl tut.
Ohrenbläser und Ohrenkitzler
sind immer beliebt.

O Herr, ich fürchte,
dass wir die Menschen
mit unseren Worten einschläfern,
statt an den Türen
ihrer Herzen zu rütteln.
Wir scheuen uns, die Wahrheit
deutlich und verständlich zu sagen.
Und doch wissen wir:
Nur die Wahrheit kann uns noch retten!

Gib uns den Mut zur Wahrhaftigkeit:
im Beichtstuhl, im Aussprachezimmer,
bei der Predigt, im kleinen Gespräch.
Hilf uns, die Wahrheit in Liebe zu tun!

Konkret

Mitten im Gefängnis
an die Auferstehung
denken müssen.
Seltsame Begegnung:
der eine in Freiheit,
mit schöner, sonniger Kindheit,
mit vielen Freunden
und großer Zukunft –
der andere: lichtlose Jugend,
eingesperrt auf zehn Jahre,
keine Freunde,
verbaute Zukunft,
diesseits und jenseits
einer Trennwand aus Glas.

Der eine und der andere: Mensch.
Sein Gesicht,
die grauen Zonen um das Kinn
und die schwarzen Ringe um die Augen,
die schmale Gestalt
trägt die Last von gestern und vorgestern
und büßt die Sünden derer,
die ihn nicht liebten.

Nach der Begegnung:
ein anderer Mensch.
Seine Schultern sind aufgerichtet,
einige Falten sind verschwunden.
Ein Mensch kümmert sich um ihn.
Anfang einer langen Hoffnung.

Mord auf Raten

Man hielt es nicht für möglich.
So weit wagte keiner zu denken.
Die Zerstreutheit des einen
kann zum Tod des anderen führen.

Er ist zwischen Händen und Blicken
der Selbstgerechten zu Boden gestürzt.
Tot!

Wir werden uns erkenntlich zeigen.
Es werden morgen zehn Zeilen
in der Zeitung stehen.
Es wird Gesprächsstoff im Gasthaus
und in den Geschäften geben.

Man wird weinen müssen,
zutiefst erschüttert sein.
Man wird von Tragik
und von Krankheit sprechen.

Nach der Heimkehr
vom Begräbnis
geht das Töten
durch Worte und durch Blicke
unaufhaltsam weiter.

Die anderen

Sie essen neben uns,
sie reden neben uns,
sie schweigen neben uns,
sie feiern neben uns,
sie trauern neben uns,
sie verbittern neben uns,
sie verzweifeln neben uns.

Wie anders sind sie wirklich?
Sie haben andere Ansichten
über Politik und Religion,
über Fußball und Musik.
Sie machen andere Witze,
sie tragen andere Kleider,
sie richten ihre Häuser anders ein.

Weil sie äußerlich anders sind,
sind sie uns fremd.

Im Grunde sind sie uns ähnlich.
Alle haben Sehnsucht nach Liebe.

Doch so gründlich denkt man nicht.
Noch immer quält uns
das ererbte Vorurteil
wie eine Erbschuld.

Requiem für eine Ehe

Sie sehnte sich nach einem hohen Titel.
Er suchte eine makellose Haut.

Ehe sie einander kannten,
setzten sie die Hochzeit an.

Er spielte seine Rolle.
Sie zeigte ihre Maske.

Ehe sie einander kannten,
waren sie geschieden.

Ist die Täuschung schon beendet?
Ist die Einsicht jetzt im Kommen?

Der Spalt in der Mauer

Isoliert sein.
Gedemütigt werden.
Die Hoffnung verlieren.
Sich einmauern
in tausend Gedanken.
Friedhöfe lieben.

Bis eines Tages
ein Mensch dir begegnet.
Sein Blick dringt
durch den letzten Spalt
deiner Mauer
und trifft dich in der Tiefe.

Da erblickst du zum zweiten Mal
das Licht der Welt.

Weinende Frauen

Es wird nicht berichtet,
dass Jesus auf dem Kreuzweg weinte.
Entlang des Weges
weinten Frauen.

Das Mitleid half hier nicht.
Jesus braucht nicht Tränen,
Phrasen der Entschuldigung.

Jesus wird getötet,
weil er nicht bereit ist,
mitzuraffen, mitzuhassen,
mitzurauben, mitzutöten.

Wie Jesus denken, wie Jesus handeln.
So werden wir die Welt verbessern.

Die bei den Tränen bleiben,
werden keine Kreuzigung verhindern.

In Beziehung

Zwei Hände können klatschen,
eine Hand schafft es nicht.

Regen und Erde,
Sonne und Mond,
Meer und Land,
Mann und Frau,
Mensch und Mensch,
alles ist für die Beziehung da.

Zwei Ohren,
zwei Augen,
zwei Seiten,
zwei Sichten.

Nichts ist für sich allein,
alles ist für die Beziehung da.

Sich versöhnen können

Du bist mit einem Menschen zerstritten.
Du kannst ihn nicht sehen,
nicht hören, nicht riechen.

Er hat dich enttäuscht.
Du leidest an ihm.

Der Hass lässt nach.
Dein Denken setzt ein.
Du prüfst dich, du fragst dich.
Du hast dir ein Bild gemacht.
Er hat dir die Täuschung genommen.
Du hast dich betrogen.
Er ist anders geworden.
Dein Bild ist das gleiche geblieben.

Da zerschlägst du dein Bild.
Du gehst von neuem zu ihm.
Du siehst,
du hörst,
du spürst,
findest kein Bild.
Du findest ein Du!

Zwei gehen aufeinander zu

Nur wer nichts liebte,
war dem Schmerz enthoben,
doch wer nicht liebte,
war tot!

Ernst Wiechert

Zwei Menschen finden sich
aus vier Milliarden.
Er und sie,
Abgrund neben Abgrund,
zwei Menschen.
Sie werden erst.
Sie sind nie ganz.
Sie zeigen Mut.
Sie sagen Ja.
Das schließt das Credo ein.
Sie begrenzen sich mit ihrem Ja
und hoffen, durch Begrenzen
in die Tiefe vorzustoßen.

Sie werden an kein Ende kommen.
Denn sie *werden* erst.
Bis sie ganz sind,
braucht es
eine Ewigkeit.

Beleidigt werden

Durch einen Brief beleidigt werden,
im Kern getroffen sein.
Was willst du tun?
Wütend antworten?
Achselzucken?
Vergessen wollen?
Zum Duell der Worte bitten?
Resignieren, traurig sein?

Bete um die Erkenntnis dessen,
was dir dein Gegner sagen wollte!

Still werden,
gute Gedanken aussenden,
nichts verdrängen,
ringen, leiden,
dir Zeit lassen,
bis dir die Liebe
und nicht der Hass
die Worte eingibt.

Partnerschaft

Du sagst Ja zu mir.
Bist du auch bereit,
die vielen Wege zu gehen,
um mir näher zu kommen?
Du sagst Ja.
Weißt du, wie unendlich schwer es ist,
sich selbst zu erkennen?
Es ist schon vielen
der Weg zu sich selbst zu lang geworden.
Bist du dir im Klaren,
wie viel mir selbst verborgen ist?
Kannst du zuhören,
ohne bei meinen ersten Sätzen
mir schon einen Rat zu geben?
Wagst du, am Ende eines langen Weges
allein zurückzubleiben?
Du willst alles für mich tun.
Was tust du für dich?
Wirst du dir Zeit aussparen,
um die verbrauchte Kraft
zu sammeln?
Du hast mich lieb.
Weißt du, wie oft die Gefühle wechseln?
Gott ist der Grund,
wo du und ich verankert sind.
Dort allein ist Sicherheit.

Wohin eilst du?

Ich hetze an einem Kreuz vorbei.
Da höre ich plötzlich die Worte:
„Schau mich an! Hör mir zu!"

Ich bleibe stehen.
Wie lebendig wirkt heute
der Gekreuzigte auf mich!
Seine Augen sind halb geöffnet,
ebenso der Mund.
Das Gespräch beginnt
zwischen oben und unten,
zwischen Ihm und mir.

„Wohin eilst du?"
Zu einem Freund,
der mich braucht!
„Wenn du friedlos zu ihm läufst,
wirst du kein Halt für ihn sein!
Bleib stehen! Warte!,
Bring ihm meine Liebe,
nicht deinen Ehrgeiz!"

Ich schaue ins Licht der Kerze
vor dem Kreuz
und warte, bis ich ruhig bin.

Weizenkorn

Ich bin ein Weizenkorn
und heiße „Granula".
Lag lange in der Truhe.
Es war ein goldener Käfig,
ich fühlte mich wohl
bei den anderen Körnern.
Der Herbst begann.
Da spürte ich eine raue Hand.
Dann ging alles sehr schnell:
Schaufel, Sack, Furche.
Da lag ich nun, von allen getrennt,
in der kühlen, feuchten Erde.
Ich sah niemand
von meinen geliebten Brüdern
und Schwestern.
Nur die Erde umschloss mich.
Ich weinte.
Da hörte ich das Flüstern
der Mutter Erde:
„Hab Geduld, kleines Körnchen!
Draußen wird es Winter,
Schnee deckt uns zu,
und tief drinnen wird es warm sein.
Du wirst keimen, sterben
und neuen Weizen gebären.
Fünfzig Körner aus einem Korn!
Ist das nicht ein Grund
sich zu opfern?"

Liebe ist Zeit haben

„Ich habe keine Zeit“,
sagte sie am Telefon zu ihrer Kollegin,
die verzweifelt war und sie brauchte.
Doch sie hatte Zeit,
beim Kaffee eine halbe Stunde lang
über ihre Nachbarin zu reden.

„Ich habe keine Zeit“,
sagte der Direktor zum Angestellten,
der ein ausführliches Gespräch
über den Grund seiner Kündigung wünschte.
Der Direktor fuhr zu seiner „Zweitfrau“.

„Ich habe keine Zeit zum Beten“,
sagte die Frau zum Pfarrer,
der sie zum Gottesdienst einlud,
und stieg in ihr Auto,
fuhr zu einer Party, von der sie
traurig und betrunken heimkam.

„Ich habe keine Zeit“,
sagte der Mann zu seinem Freund,
der ihn zu einer Geburtstagsfeier
einladen wollte.
Der Mann setzte sich vor seinen Fernsehschirm,
um seine allabendliche Unterhaltung zu genießen.

„Ich habe keine Zeit nachzudenken“,
sagte der nervöse Manager.
Bald darauf hatte er einen Autounfall.
Monatelang lag er eingegipst,
fast regungslos, im Krankenhaus.

„Ich habe keine Zeit“,
sagte der Vater,
als ihn der Sohn
um ein Gespräch bat.
Der Vater arbeitete
an einem wissenschaftlichen Werk
über pädagogische Fragen.

„Ich habe keine Zeit“,
sagte der Seelsorger,
als ihn jemand
um ein Glaubensgespräch bat.
Der Seelsorger eilte zur nächsten Sitzung,
wo über die Belange der heutigen Seelsorge
beraten wurde.

„Ich habe keine Zeit“,
sagte der Arzt zum Patienten,
der schwerfällig sprach
und lange gebraucht hätte,
um sein Leiden zu schildern.
Der Arzt öffnete die Tür
für das nächste „Schnellverfahren“.

„Ich habe keine Zeit“,
sprach Gott,
„mir eure Ausreden anzuhören.“
Er beendete das Experiment Menschheit,
das in Raum und Zeit angesiedelt war,
durch den Weltuntergang.
Von nun an hatten alle
unendlich viel Zeit,
ewig Zeit füreinander.

Die Macht des Unbewussten

Nicht wenige Menschen
begannen ihren Weg zu zweit
mit bestem Willen
und nach reiflicher Überlegung –
und sind trotzdem gescheitert.
Sie wollten zu viel
aus eigener Kraft erreichen,
waren zu sehr überzeugt,
sie könnten alles selbst bewältigen,
bis sie erfuhren,
dass vieles in uns
geheimnisvoll und dunkel bleibt.
Um einander
in allen Phasen des Lebens
begleiten zu können,
brauchen wir die Verbindung
mit dem einen Gott
und seinem Sohn
im Heiligen Geist.

Ich begann zu beten

Ich hatte eine Zeit,
da war ich blind.
Ich dachte, was alle dachten,
ich sagte, was alle sagten,
ich tat, was alle taten.
Ich hatte eine Zeit,
da kaufte ich Andachtsbildchen,
da reihte ich Rosenkranz an Rosenkranz,
da betete ich täglich dreißig Psalmen.
Ich hatte eine Zeit,
da tat ich meine Pflicht,
da dachte ich in Schablonen,
da war für mich die Welt weit weg.
Ich hatte eine Zeit,
da war ich blind.

Da bin ich aufmerksam geworden.
Da merkte ich: vieles stimmt nicht.
Sie reden vom Sachzwang
und zerstören den Menschen.
Sie reden vom Frieden
und handeln mit Waffen.
Sie verdienen an den Gastarbeitern
und an der Dritten Welt.
Sie hassen einander
und gehen gemeinsam zum Gottesdienst.
Da bin ich aufmerksam geworden.

Da bin ich aufmerksam geworden.
Da habe ich die Bibel gelesen.
Einer versuchte den geraden Weg,

berief sich auf Gott,
sagte die Wahrheit.
Ich las von seinem Untergang
und las von seiner Auferstehung.
Da bin ich aufmerksam geworden.

Da begann ich zu fragen.
Wer ist schuld, dass die Welt
so ist, wie sie ist?
  Wir?
  Niemand?
  Gott?
  Sonst wer?
Wer wird sie verändern?
  Wir?
  Niemand?
  Gott?
  Sonst wer?
Wer tut etwas?
  Wir?
  Niemand?
  Sonst wer?
Da begann ich zu fragen.
Ich begann zu beten.

Zeuge der Wahrheit

O Herr, wir sind berufen,
Zeugen der Wahrheit zu sein.
Wir haben keine Bestimmung,
erfolgreich zu sein.
Wir haben keine Berufung,
geehrt zu werden
und uns durchzusetzen.

Gib uns den Mut,
ehrlich zu sein:
nicht in Gehässigkeit,
sondern in Liebe.
Lass uns Zeugen der Wahrheit
und nicht Zeugen der Lüge sein.
Lass uns das Wort: „Gehet in Frieden!"
nicht als Aufforderung verstehen:
„Lebt in der Lüge weiter!"
Unser Friede kann nur
aus der Wahrheit kommen.

Lass uns innehalten,
bevor wir zum Altar hintreten.
Mit wem haben wir zu reden?
Lass uns Gespräche nicht scheuen,
die für ein Verstehen notwendig sind.
Lass uns nicht in die Liturgie flüchten,
bevor wir im Zusammenleben mit anderen
nicht Ordnung gemacht haben.
Nur mit Wahrhaftigkeit ehren wir Dich!
Sonst lästern wir Deinen Namen.

Nach dem Tod meines Freundes

Es ist schön, dass ich dir begegnen durfte.
Du hast mein Leben entscheidend geprägt.
Durch dich habe ich erfahren,
wie ein Mensch seine Angst überwindet.
Du bist in deine letzten Tage hineingegangen,
sehr betroffen, ergriffen,
aber nicht verzweifelt.
Du hast den Mut gehabt,
offen über deinen Abschied zu reden.
Du hast dich mit allen ausgesöhnt.
Du bist bewusst von uns gegangen.

Ich sehe noch deine
durchdringenden Blicke.
Ich spüre die Übernatur,
das Ewige in dir!
Du bist in frühen Jahren
ein vollendeter Mensch geworden.

Wir danken dir,
dass wir dich ein Stück des Weges
begleiten durften.

Jetzt bist du uns vorausgegangen.
Deine neue Gestalt ist uns nicht fassbar.
Und doch spüren wir,
du bist uns näher gekommen:
als Licht, als Kraft,
als Trost, als Friede!

Das Ganze sehen

Das Wachs verbrennt.
Das ist die halbe Wahrheit.
Die Kerze leuchtet
schön und hell.
Das gehört zum Ganzen
einer Wahrheit.

Wird die Muschel
nicht verletzt,
kommt die Perle
nicht heraus.

Es gibt der Mann sich her.
Es gibt die Frau ihm Raum.
So wird ein neuer Mensch
gezeugt.
Vom Geben kommt der Mensch,
nicht vom Behalten.

Einer lächelte nur

Er blieb bei den Kleinen.
Er blieb bei den Schwachen.
Er blieb bei den Armen.
Er blieb bei den Menschen.

Als man ihn fragte,
wie er das alles ertrage,
da lächelte er.
Als man ihm sagte,
er solle an sich denken,
da lächelte er.

Als man ihm vorwarf,
das alles habe doch keinen Sinn,
da lächelte er.
Als man ihn fragte,
ob er denn an Gott glaube,
da lächelte er
über die Frage hinweg.

Die Offenbarung

Hinter seinem gütigen Blick
lag unendlich viel Trauer.
Er beherrschte sich sehr.
Sein Aussehen täuschte.
Er war nicht aus der Fassung
zu bringen.
Seine Augen und Ohren
waren nach innen gewandt.
Er hörte die Vögel nicht singen.
Er sah die Bäume im Wald nicht mehr.
Er konnte nicht beten.
Bis eine Hand ihn berührte,
die ihn mit Liebe
aus dem Verlies
des eigenen Selbst
in die Weite des Kosmos führte.
Er entdeckte auf einmal
Vögel und Birken,
Menschen und Tiere
als Quellen der Freude.

Seit jener Stunde
sah er Gott in Menschengestalt
und war sich gewiss:
Er wird nie mehr allein sein!

Jesus wird dich fragen

Ich habe gesagt:
„Wer von euch ohne Schuld ist,
werfe den ersten Stein."
Wie viele Steine
hast du auf andere geworfen?
Ich habe dir gesagt:
„Liebet eure Feinde!"
Wie denkst du über deinen Gegner?
Hast du Feinde?
Wie sprichst du über sie?
Ich habe dir gesagt:
„Wenn du merkst, dass jemand
etwas gegen dich hat, geh hin,
sprich dich aus mit ihm!
Dann komm und feiere
deinen Gottesdienst!"
Wie oft hast du dich
vor oder wenigstens nach der Messe
mit dem ausgesprochen,
den du nicht verstanden hast?

„Ich habe mich mit Bettlern,
mit Dirnen und Trinkern,
mit Menschen ohne guten Ruf
abgegeben."

Wie gehst du mit denen um,
die niemand mag?

Ich habe dir gesagt:
„Der Knecht ist nicht größer als sein Herr.
Haben sie mich verfolgt,
werden sie auch dich verfolgen.“
Hast du den Anspruch meiner Worte
so lange abgeschwächt,
bis sie keinen mehr schmerzten?

Ich habe dir gesagt:
„Liebe deinen Nächsten wie dich selbst!“
Magst du dich selbst?
Wie erträgst du die Menschen
in deiner Umgebung?

Ich habe dir gezeigt,
dass ich Angst hatte und verlassen war.
Wie oft gibst du deine Schwäche zu?

Ich bin für meine Wahrheit
gekreuzigt worden.
Wofür hat man dich ausgezeichnet?
Ich habe dir gesagt:
„Was nützt es euch,
wenn ihr die ganze Welt gewinnt,
an eurer Seele aber Schaden leidet?“

Wie viel Zeit nimmst du dir
für dich selbst,
für dein Beten,
für das Lesen
der Heiligen Schrift?

Ich habe dir gesagt:
„Seid klug wie die Schlangen,
aber unverdorben wie die Tauben."
Wie oft begnügst du dich mit Schwärmerei,
ohne deine Klugheit im Gespräch
mit anderen einzusetzen?

Ich sagte dir:
„Wenn einer zwei Mäntel hat,
soll er einen von ihnen dem geben,
der keinen hat.
Wer etwas zu essen hat,
soll es mit dem anderen teilen."
Was teilst du an Zeit,
Geld und Ideen
mit den anderen?
Ich habe dir gesagt:
„Gebt freiwillig,
dann wird auch euch gegeben werden,
reichlich und so großzügig,
dass ihr es kaum fassen könnt."
Hast du damit angefangen?
Was hast du erfahren?

Ich habe dir gesagt;
„Wem wenig verziehen wird,
der kann wenig Liebe schenken."
Wie oft hast du aus Angst
vor einer selbstständigen Entscheidung
die Gesetze eher beachtet
als den Menschen?
Wie viele Menschen
sind an deiner lieblosen Pflichterfüllung

und an deiner Scheinheiligkeit
zerbrochen?

„Ich bin von den Toten auferstanden."
Womit hast du das bewiesen?

Jesus und unsere Maßstäbe

Du zerstörst unsere Maßstäbe.
Du verunsicherst uns.
Wir haben alles eingeteilt
in rechts und links,
in schwarz und weiß,
in gut und schlecht,
in gläubig und ungläubig,
in Mensch und Unmensch,
in Engel und Teufel.
Was fangen wir an
mit deinen Worten:
„Richtet nicht,
damit ihr nicht gerichtet werdet"?

Das verborgene Antlitz Gottes

Was denke ich über die Indios?
Was denke ich über die Asiaten?
Was ist mir der Afrikaner wert?
Anerkenne ich die Menschen aus Ozeanien?
Gedanken sind Kräfte.
Was geht von mir aus?

Wie denke ich wirklich
über andere Völker und Nationen?
Plappere ich nach
oder bilde ich mir selbst ein Urteil?

Alle Menschen sind frei?
Bist du frei von Habgier,
Rachsucht und Eifersucht?
Wird nicht deine Gier
die Freiheit anderer Menschen
verhindern?

Jeder Mensch ist Gotteskind!
Warum machen wir Unterschiede?
Alle Menschen sind frei
und gleich an Würde und Rechten
geboren!

Und was geschieht nach der Geburt?
Menschen werden eingeteilt:
in Schwarze, Braune, Rote,
Gelbe, Weiße.
Die Hautfarbe entscheidet
über Freiheit und Unfreiheit.
Was ist uns die Botschaft wert,
dass wir Kinder Gottes sind?
Was behaupten wir mit Worten,
was formulieren wir?
Und was geschieht wirklich?

Der Mensch kommt von Gott.
Er trägt Gottes Spuren in sich.
Das Antlitz Gottes
ist in jedem Menschen verborgen.

Achte den Menschen!
Liebe den Menschen
und Gott wird dich aus dem Gesicht
des anderen anblicken,
der *eine* Gott für uns alle!

Wie lange wird es brauchen,
bis wir das Vaterunser im Alltag leben?

Wir können nicht glücklich sein,
wenn so viele unglücklich sind!
Wir können nicht von Wohlstand sprechen,
wenn durch unseren Wohlstand
so viele leiden müssen!
Wir können nicht frei sein,
wenn so viele unfrei sind!

Gott sagt zum Menschen:
„Du bist frei! Du bist mein Ebenbild!"
Und was sagen wir?
Ich mag dich nicht,
weil du anders bist als ich.
Ich will nur mit meinesgleichen
zusammen sein.
Ich bin der Herr über dich,
weil ich Wissen und Macht habe.
Ich habe das Recht,
über Gesetze zu bestimmen.
Ich schreibe dir vor,
was du zu denken hast.

Kain, wo ist deine Schwester,
wo ist dein Bruder?
Du schaust verächtlich auf die andern

und gibst Almosen.
Das ist zu wenig!
Du gibst Almosen.
Damit rettest du
keine Menschenwürde.
Achte deine Geschwister!
Sie sind Menschen wie du.
Alle brauchen Liebe.
Alle brauchen den Glauben,
dass sie einen Wert haben.
Zeig ihnen ihren Wert,
indem du sie als Gegenüber
ernst nimmst und sie achtest!

In ihm sich finden

Wir waren außer uns,
sprachen Satz um Satz,
ohne auf das Gewicht
der Worte zu achten.
Wir ließen uns
vom Klang der Worte betören.
Wir bauten Luftschloss um Luftschloss.
Viel später holten uns die Worte ein.
Sie umringten uns und drängten uns,
das Lügen aufzugeben.
Da erkannten wir,
wie fremd wir uns waren.

Wir begannen von neuem
miteinander zu reden.

Langes Schweigen,
Zeit, die Worte mit der Seele
zu erhorchen.
Die Schale fiel ab,
der Kern lag da.
Offenbarung!

Nach dem heilsamen Gespräch
erkannten wir:
ER ist da!
In Ihm verstehen wir uns
in ungeahnter Klarheit.

Jemand hat zu mir gesprochen

Jemand hat zu mir gesprochen
und nicht an mir vorbei.

Jemand hat sich mit mir eingelassen
und nicht das Risiko gescheut.

Jemand hat mir zugehört
und nicht auf die Uhr gesehen.

Jemand hat sich mir zugewandt
und nicht ungeduldige Augen gemacht.

Jemand hat mich mitgenommen
und nicht sitzen lassen.

Jemand hat sich helfen lassen
und nicht stolz abgelehnt.

Jemand hat sich als Christ bewährt.

Nachwort

Wer war Martin Gutl?

Für viele, die ihn persönlich gekannt und erlebt haben, war er ein verständnisvoller und liebenswerter Freund und tief schürfender Gesprächspartner, einer, der sich Zeit nahm für andere, der geduldig zuhören konnte, der Solidarität wirklich gelebt hat, der sich oft bis zur physischen Erschöpfung verausgabte, wenn es darum ging, seelisch und materiell Hilfsbedürftigen beizustehen, bei dem aber auch Geselligkeit und Humor nicht zu kurz kamen.
Unzähligen Menschen, die ihn nur aus seinen Büchern kannten, war er ein treuer Wegbegleiter, dem nichts Menschliches fremd war, ein Seelsorger, der mit großem Einfühlungsvermögen sich der vielfachen Nöte der Menschen annahm und mit seinen ehrlichen Texten dazu beitrug, dass so manche in ihren oft ausweglos erscheinenden Situationen nicht verzweifelten, sondern neuen Mut schöpften. Wohl weil er selbst zeitlebens ein Suchender war, ein ewig Fragender und Zweifelnder, konnte er die Menschen mit ihren Problemen und Unsicherheiten so gut verstehen und ihnen Wege und Perspektiven aufzeigen, die für sie immer wieder hilfreich und tröstend waren.
Martin Gutl hat aber nicht nur die quälenden Fragen nach dem Sinn des Daseins und nach einem Gott, der die Welt und die Menschen scheinbar ungerührt so sein lässt wie sie sind, mit vielen Menschen geteilt, er hat vielmehr am eigenen Leib erfahren, was es heißt, vom Schicksal geschlagen zu werden, als bei dem noch nicht einmal Fünfzigjährigen ein Kopftumor diagnostiziert wird, die Ursache monatelang erlittener Erschöpfungszustände, ständiger starker Kopfschmerzen und teilweisen Gedächtnisausfalls. Ein paar Jahre des Leidens sind ihm noch geschenkt, in denen er beinahe zum Mystiker reift, bis Gott ihn schließlich „heimführt aus den

Tagen der Wanderschaft ... aus der Dämmerung in Sein beglückendes Licht", wie es in einem seiner bekanntesten und trostvollsten Texte heißt. Am 20. August 1994 wird er mit 52 Jahren von seinem Leiden erlöst. Die Begräbnismesse in der Basilika von Mariatrost bei Graz ist ganz geprägt von jener jubelnden Auferstehungshoffnung, die er in seinen Vorträgen und Kursen, seinen Gedichten, Gebeten und Meditationstexten immer zu vermitteln versuchte.

So endete allzu früh ein Leben, das 1942, mitten im Krieg, auf einem kleinen bäuerlichen Anwesen in der Oststeiermark begonnen hatte. In Mühldorf bei Feldbach wächst er in ärmlichen Verhältnissen auf, und doch empfindet er seine Kindheit als beglückend. Die Verbundenheit mit der Natur, die tiefe Religiosität des Elternhauses sollten prägend für ihn werden. Bereits in der Volksschule verspürt er das große Verlangen, einmal Priester zu werden, so einer wie der Kaplan seiner Heimatpfarre, der ihm unvergesslich bleibt und ihm neben anderen Priestergestalten zum großen Vorbild wird.

1953 dann Einzug ins bischöfliche Knabenseminar in Graz und Besuch des dortigen Gymnasiums. Der gerade Elfjährige wird von Heimweh geplagt, doch bald schon ist er voll integriert. Seine Religiosität passt sich den Schüben der Pubertät an: Schwärmerische Phasen wechseln mit Perioden der Auflehnung und dann wieder vollen Ergebenheit.

Nach der Matura (Abitur) beginnt er 1961 mit dem Theologiestudium an der Grazer Universität. Spannungen sind vorprogrammiert: „da die Bücher – dort die Menschen; da die Fragen – dort die Theorien". So charakterisiert er selbst einmal diese Zeit des Studiums. Daneben aber entfaltet er auch sein komödiantisches Talent bei so manchen kabarettistischen Auftritten im Priesterseminar. In den Ferien geht es per Autostopp kreuz und quer durch Europa. Sein Blickwinkel weitet sich.

1966 empfängt er im Grazer Dom die Priesterweihe. „Fraglos

Priester geworden, nicht ohne Fragen geblieben", so schildert er in einem sehr persönlichen Gedicht seine damalige Befindlichkeit. Es ist die Sorge: Werde ich diesen Weg durchstehen? Er wird!
In den ersten Jahren nach dem II. Vatikanischen Konzil hat sich eine gewaltige Aufbruchsstimmung in der Kirche verbreitet, auch und vor allem unter den Priestern. Endlich sollen die Türen und Fenster weit geöffnet, frische Luft hereingelassen und die bisherige Enge aufgebrochen werden. Doch bald schon folgt der ernüchternde Alltag: nur kleine, allzu kleine Schritte werden gewagt. Enttäuschung macht sich breit. Viele seiner Mitbrüder verlassen resigniert ihr Amt. Er ist nicht dabei, er geht nicht, er bleibt. Und tritt seine erste Stelle an als Kaplan in der obersteirischen Industriestadt Mürzzuschlag. Eine ernste Bewährungsprobe in einem Arbeitermilieu, das der Kirche traditionell eher reserviert bis feindlich gegenüber steht. Übereifer und hektische Aktivität kennzeichnen sein Wirken in diesen ersten Jahren. Er verausgabt sich im Dienst, „allen alles werden" zu wollen.
Nach drei Jahren beauftragt ihn der Bischof mit der Studentenseelsorge in Graz. Ein ganz anderes Umfeld. Endlose Gespräche und Diskussionen über Sinnfragen des Lebens, über Reformen in Kirche und Gesellschaft. Auch seine Person wird hinterfragt, er bemüht sich um Glaubwürdigkeit. Soziales Engagement ist gefragt: für Außenseiter, Süchtige, Bettler, für jede Art von leidenden Menschen. Sein Einsatz geht bis an die Grenze der Belastbarkeit. In dieser Gesinnung des Helfenwollens fast bis zur Selbstaufgabe beginnt er mit dem Pastoralassistenten Franz Weritsch die Telefonseelsorge in Graz aufzubauen. Doch eigentlich will er Priester sein, nicht Sozialarbeiter und Psychologe.
Und so wird er Kaplan in der Stadtpfarrkirche von Graz, mitten in der Innenstadt. Man ist inzwischen auf den unkonventionellen jungen Priester aufmerksam geworden, er hat schon einige Bücher veröffentlicht, ist auf dem besten Weg, ein „Star" zu werden, wird

mit Einladungen überhäuft. Die Erwartungen konzentrieren sich immer mehr auf seine Person. Da schlägt sein Inneres Alarm. Er fühlt sich ausgelaugt vom ständigen Gebenmüssen, ausgenützt und leer. Er sehnt sich nach Ruhe, nach Stille, nach Einkehr. Und so zieht er sich ab Herbst 1978 immer öfter in das Zisterzienserstift Rein-Hohenfurt bei Graz zurück, einige Monate lang ist er dort sogar Novize. Flucht ins Kloster? Nein, einfach die Sehnsucht, zum Wesentlichen vorzustoßen, endlich Zeit für sich zu haben, lange verdrängte Fragen laut werden zu lassen.
Doch die Menschen lassen ihn nicht los, sie verlangen nach ihm, sie brauchen seine Zuwendung, seine Worte, seine hilfreichen Hände. Was nun? Kloster – oder von neuem sich den Hilfesuchenden aussetzen? Oder geht vielleicht beides? Im Orden der Barmherzigen Brüder, die in Graz ein Krankenhaus betreiben, versucht er den Kompromiss. Aber er bringt ihm keine Klarheit.
Da bittet man ihn, eine seelsorgliche Aufgabe außerhalb der Großstadt anzunehmen. Nach kurzer Bedenkzeit ist er einverstanden und wird Dorfpfarrer in der obersteirischen Gemeinde St. Peter ob Judenburg. Extreme Umstellung von der Stadt ins Bergland. Taufen, Trauungen, Begräbnisse, Kinder in Religion unterrichten, nach der Sonntagsmesse auf dem Dorfplatz mit den Menschen plaudern, mit den Männern im Wirtshaus ein paar Gläser trinken, den pfarrlichen Papierkram erledigen. Doch es fehlt ihm die wirkliche Herausforderung, er ist nicht geschaffen für Gemütlichkeit.
1984 wird ihm die Stelle des geistlichen Direktors im diözesanen Bildungshaus Mariatrost angeboten. Sofort greift er zu. Dort erhofft er sich neue Aufgabenstellungen und Anregungen. Hier kann er sich endlich wieder voll entfalten: er kann Kurse leiten, Vorträge halten, Besinnungstage gestalten. Die Nachfrage ist groß. Er findet auch wieder Zeit zum Schreiben. Aber die Menschen mit ihren konkreten Nöten lassen ihn nicht los. Sie kommen zu ihm mit

ihren Wünschen, ihren Sehnsüchten, ihren Fragen, ihren Sorgen, ihrem Leid, ihrem Unglück, zu jeder Tages- und Nachtzeit. Und er lässt sich wie immer ganz auf sie ein, teilt mit ihnen Freud und Leid. Neuerlich hetzt er von Termin zu Termin, bis tief in die Nacht hinein Gespräche, Begegnungen, Lösungsversuche für unendlich viele Probleme. Er selbst bleibt dabei oft auf der Strecke. Er hat kein Nest, in das er sich zurückziehen kann. Und wenn, tut er es mit schlechtem Gewissen.

Aus diesen Erfahrungen und Begegnungen heraus schreibt er seine Texte, von denen die Menschen fasziniert sind, von denen sie nicht genug bekommen können. In insgesamt 14 Büchern, die meisten davon inzwischen vergriffen, sind viele von ihnen gesammelt. Man spürt hinter diesen Meditationen und Gebeten immer den Menschen, der um das Menschliche und Göttliche im Menschen weiß und es auszudrücken und zu deuten vermag. Martin Gutl ist für unzählige Menschen ein wertvoller Wegbegleiter geworden und seine Texte können dies auch heute noch sein, weil sein eigenes Leben ein ständiges Suchen, ein Finden und wieder ein Suchen war.

Josef Helmut Machowetz